指数基金

投资进阶之道

理性的投资者◎著

中国铁道出版社有限公司

CHINA RAILWAY PUBLISHING HOUSE CO., LTD.

图书在版编目（CIP）数据

指数基金投资进阶之道/理性的投资者著 . —北京：
中国铁道出版社有限公司, 2022.5
　ISBN 978-7-113-28885-3

　Ⅰ . ①指… 　Ⅱ . ①理… 　Ⅲ . ①指数 - 基金 - 投资
Ⅳ . ①F830. 59

中国版本图书馆 CIP 数据核字（2022）第 028400 号

书　　名：**指数基金投资进阶之道**
　　　　　ZHISHU JIJIN TOUZI JINJIE ZHI DAO
作　　者：理性的投资者

策　　划：马真真
责任编辑：马真真　叶凯娜　　　　电话：(010)51873345
装帧设计：宿　萌
责任校对：孙　玫
责任印制：赵星辰

出版发行：中国铁道出版社有限公司(100054,北京市西城区右安门西街8号)
印　　刷：中煤(北京)印务有限公司
版　　次：2022 年 5 月第 1 版　2022 年 5 月第 1 次印刷
开　　本：710 mm×1 000 mm 1/16　印张：14　字数：193 千
书　　号：ISBN 978-7-113-28885-3
定　　价：69. 00 元

序　言

在这本以"指数基金投资"为主题的书的序言中,我想和大家聊聊财务自由这个话题。

财务就是钱,自由就是不受约束的意思,从字面意义上看,财务自由的含义是一个人的生活不受金钱约束。我认为这应该包括行为和思想两个方面。

从行为上说,财务自由取决于一个人收入和支出的差额,一个人如果年收入是 100 万元,但是每年支出是 150 万元,那就不是财务自由;如果年支出是 50 万元,那就财务自由了,这很好理解。

一个人的支出低一点,实现财务自由的可能性就较大。具体的支出额度,每个人都有自己的特殊性,一个人的真实支出需求只有自己知道。如果为了实现"财务自由"的目的,把自己的消费支出强行压缩在一个很低的范围内,那就违背了财务自由的初衷。

需要注意的是,这里的收入指的是自由现金流,是可供拥有者自由支配的现金。如果一个人拥有 2 000 万元市值的股票组合,每年的分红有 80 万元,随着经济的发展,该组合的市值和分红还能稳定增长,而他的支出只有 50 万元,在可预见的未来不会有大幅度增加,甚至可能会缩减,那么他显然已经实现了财务自由。

但如果他的资产配置在房地产上面,市场价格 2 000 万元的住宅,每年的租金收入是 30 万元,那么从自由现金流的角度看,收入距离 50 万元的支出就有 20 万元的缺口,就不是财务自由。

从思想上讲,不是所有的人都对物质有很强的欲望,有的人追求仕途,有的人追求科研成就,有的人追求青史留名。对很多人来说,财务自由是可有可无的东西,在人生中并没有排在首要位置。如果把大量的时间用在思考如何积累财富,反倒是舍本逐末。

还有一些人,尽管从财务角度实现了财务自由,但是精神上却做不到洒脱。有个成语叫"杞人忧天"，说的是杞国人担心天会塌下来而寝食不安，比喻不必要的或毫无根据的忧虑。我们在生活中常见到一些人，尽管很富有，但是斤斤计较，总是让人想起葛朗台式的吝啬，不招人喜欢，自己过得也不开心，这样的财务自由其实质量很低。

理解财务自由的本质在于理解选择权，这种选择权的反面意义更重要，即财务自由不仅是可以选择做什么，更重要的是可以选择不做什么。一个人的财务自由不是说可以任意选择自己想要的生活，而是在遇到自己不喜欢生活方式的时候，有足够的底气去拒绝。

综上所述，我认为实现财务自由有三个要点：明确知道自己想要什么，一定的经济基础，精神世界丰富。

我个人不追星，也不迷信，但是有一个人我非常敬佩，这个人就是稻盛和夫。他是京瓷和第二电信的创始人，他指出，热爱是点燃工作激情的火把。无论什么工作，只要全力以赴去做就能产生很强的成就感和自信心，而且会产生向下一个目标挑战的积极性。

人类是社会性群居动物，我们只有在热情而忘我的工作中才会有真正的获得感、满足感和幸福感。

基于这样的认识，我深知写书是一件耗时耗力且充满风险的事，仍然愿意把自己关于投资的思考记录下来，并分享给更多对投资感兴趣的人。因为我热爱投资，我相信交流本身就是极有价值的。

财务自由绝不是不上班，吃吃喝喝，而是我们不需要用劳动去换取生活必需品，可以选择自己想要的生活方式。当一个人财务自由的时候，绝不是停止为社会做贡献的时候，而是用新的方式继续创造价值。

我们现在知道了财务自由的核心是选择权，需要一定的经济实力做补充，那么怎样才能实现财务自由呢？

我想来想去，觉得有三种可行的办法。第一种就是出身好，生下来就是带着"金钥匙"的，这是我们无法选择的。第二种就是非常聪明，工作能力强，在创造价值的同时实现财务自由。第三种是非常努力的人，将勤补拙，孜孜不倦，用自己的双手改变命运。

对于绝大多数人，我们的家庭背景和智商才华都是普通的，唯有通过不懈努力才能实现财务自由,才能实现人生价值。努力做研究,努力上班,努力投资都是可以实现财务自由的。我主要推荐通过努力投资实现财务自由。

通过投资,我们可以实现被动收入,即使停止了原来的工作,依然有不菲的收入,从而摆脱对持续自由现金流的焦虑。投资的收益是复利的,时间越长,投资的收益越大。投资还可以保持我们财富的购买力,不惧通货膨胀。投资的本质是认知的比拼,在这个市场上,不同的投资者可以实现一定程度的公平。

我为什么一直强调努力投资呢?这是因为,投资和其他任何行业一样,都是需要付出巨大的努力才能成功的。很多人被投资的低门槛性误导,以为投资就是从市场中捡钱,没有认识到投资的风险,最后被市场先生从口袋里面掏走了钱。我们只有非常专注、认真学习,才有可能在投资市场上有所成就。

老子在《道德经》中讲道:"大道甚夷,而人好径。"翻译过来是:大道宽敞,但是人们却喜欢另辟蹊径,妄图走捷径。这句话在投资上也是极为适用的。指数基金作为一种金融产品,它的投资原理、方法等跟股票有极大的相通之处,这是我把自己在股票投资中的经验运用在指数基金投资上的主要依据。

在长期的投资中,我认为投资的核心原理是一样的,这是我们做任何金融资产投资的基础。但不幸的是,我遇到很多投资者,本身对投资的基本原理没有研究,沉溺在具体的投资方法中,因为不了解投资的品种,不知道自己的能力圈,不知道投资方法的适用范围,最后在奇奇怪怪的投资方法中错了又错,损失了金钱,蹉跎了岁月。

我认为,一个投资者只有掌握了投资的"道",根据具体的投资标的和市场环境采取相适应的投资方法,才能从指数基金的投资中持续盈利,达到财务自由的彼岸。

怀着这样的初心,我动笔写下这本书,目的是把我在指数基金投资中的思考记录下来,以期对他人能有所帮助。当然作为个人投资者,我的投资生涯还很短暂,自己的所见所闻也有很大的局限性,本书的观点也注定有一些不完善之处，读者需要独立思考，仔细甄别。

　　谨以此书献给真正的投资者，真正的思考者，以及热爱生活的你。

风险提示：

　　本书对基金相关内容的分析，完全是出于论述投资体系的需要。在任何情况下，本书中的信息和所表达的意见不构成对任何人的投资建议。投资有风险，具体基金详情请认真阅读基金的合同、招募说明书和份额发售公告。笔者不推荐任何基金产品，买卖基金的风险由读者个人承担。

目　录

第一章
指数基金非常适合普通投资者

随着经济社会的发展,理财成为大众性需求。对于普通投资者,尤其是没有很多时间投入研究的上班族来说,选择股票还是基金、选择主动基金还是指数基金是两个至关重要的问题,它们在很大程度上决定了不同投资者的命运。

第一节 建立自己的投资认知系统

在投资实践中，我很喜欢两句话，一句是"投资不是一场竞技游戏，而是一个人的人生修炼"，另一句是"你所赚的每一分钱，都是你对这个世界认知的变现"，这两句话都表达了同样的意思：在投资中，你的财富和你的认知是匹配的。

投资中的认知指的是一个人通过思维活动获取掌握世界的信息，既包括投资者自己的主观世界认知，比如投资者认识到自己的能力圈，认识到自己的思维误区，认识到自己对风险的承受能力，制定合理的收益预期和操作策略等，也包括客观世界认知，比如对宏观经济规律的学习，对行业发展空间的思考等。

很多人刚接触投资，注意力都会放在"如何赚钱"这个问题上，没有意识到"如何拥有赚钱的能力"才是赚钱的关键。还有的投资者尽管想提升自己的认知水平，但是没有系统的学习方向和方法，东一榔头西一棒槌地盲目学习，往往事倍功半。

所以，在这本书的第一节，我想把自己投资以来学习的经验总结一下。

一、区分信息和知识

从矛盾的角度看，我认为知识是普遍性、一般性的方法，比较抽象，但是具有稳定性和长期性，而信息是特殊的、具体的数据，具有易变性和短期性。

比如，一个投资者学习财务报表的阅读分析方法，这就是学习知识，但是在具体分析一个企业某一份财务报表的时候,这份财务报表就是信息。我们生活在信息的世界中,接触的问题总是具体而独特的,但是为了解决这些问题,我们就必须学习知识。

知识的学习不是盲目的,是从大量的信息中通过分析、综合、归纳、演绎、抽象、概括、判断和推理等一系列思维活动总结出来的。作为投资者,我们每天都会接触大量的信息,如果不能从中筛除错误的信息,认识到的信息不全面,不能深入挖掘信息背后的规律,把不同的信息结合起来,建立通畅的逻辑通道,就不能算掌握了这些信息,只会被淹没在信息中。

另一方面,如果投资者过于重视投资理论的学习,而不重视知识在具体问题上的实际应用,那就很容易陷入闭门造车的境地,成为一个"呆会计""四脚书橱",无法通过有效的、结构化的信息建立模型,来对投资未来的发展进行合理推测。

在投资中,不懂得学习投资的方法而在海量的信息中迷失是主要的误区。今天看这个模型,明天学那个方法,就像猴子摘桃,摘一个扔一个,看着热热闹闹,最后一无所获。

所以,我的第一个建议是,投资者要善于总结知识,从信息的海洋中不断汲取营养,一砖一瓦搭建自己的知识体系。

总之,信息和知识的关系可以归纳为三点:知识是从信息中提取总结的;知识可以指导我们的投资活动;知识是稳定的,而投资是多变的,所以我们要善于修正知识,把信息和知识打通。

从信息到知识,从知识到实践,一切都离不开思考,一个投资者的一生就是思考的一生。

二、投资的天时地利人和

世界是普遍联系的、运动发展的,我们的知识体系和理论模型搭建起来后还需要进行知识的更新和修正。一个投资者有了知识和解决实际问题的能力,在投资的道路上就成功了一半。

要实现持续的投资成功,我总结了三个必要的条件,并归纳为:天时、地利和人和。

什么是天时呢?唐代诗人杜甫在《小至》中讲到:"天时人事日相催,冬至阳生春又来。"这说的是一年四季节气的转换,我们要在合适的时间做合适的事情,顺势而为。在投资中怎么判断牛熊市,怎么判断估值的高低,这都不难,应该说一切的技术问题都很容易通过学习解决。难的是投资者的心魔,总想做得更好,这种对"更好"的过分追求很容易使投资者陷入预测价格的误区。

对于投资,绝大多数的时间都是思考和等待,好的猎手都善于隐忍,等待最好的机会去交易。有的时候即使忍耐很久,机会也可能不来,我们就要学会放弃。只有当天时来了,才是我们投资的好机会。

地利指的是画地为王,建立自己的能力圈。需要注意的是,能力圈不仅仅是一个技术问题,更是一种精神状态。做老实人,处理好自己的嫉妒之心和攀比之心,才是能力圈的本质。

那么,人和呢?《礼记·学记》有云:"独学而无友,则孤陋而寡闻。"这句话的意思是,如果学习中缺乏学友之间的交流切磋,就必然会导致知识狭隘,见识短浅。聪明的投资者除了读书和思考外,还会重视人和。我们做一些调研,爬山,旅游,去认识一些投资上的挚友,都是很好的方式。一方面,可以开拓自己的视野;另一方面,可以避免"闭门造车而后出门不合辙"。

三、搭建自己的知识体系

基金投资的学习并不难,尽管图书市场上关于基金投资的书籍数都数不清,但是它们有个共同点,那就是都围绕基金投资写作。这就意味着,这些书的内容主题是一样的,这就非常适合用主题学习的方法。关于学习的具体展开,我总结了四个步骤。

第一步,我们找一本介绍基金基础知识的书,在阅读的过程中把该书的内容按照主题分门别类进行归纳,比如基金的费率、基金的分类、基金的估值方法等,把该书讲到的知识点按主题进行梳理记录。我建议采用电子笔记或者专用的基金投资学习本去记录,这个将是我们建立属于自己的知识体系的根基。

第二步,在阅读第二本基金类书籍的过程中,我们把第二本书讲到的知识点按照主题分类并与第一本书做的笔记进行比较。两本书内容一样的地方就快速阅读;第二本书讲到了第一本书没有讲到的知识点,就把遗漏补上;两本书讲得不一样的地方,就认真比较、查证,把自己认为正确的内容记录上,实现去伪存真、查漏补缺的目的。

除了这样的知识归纳、主题管理外,还可以用问题导向的方式整理,比如"指数基金的优点是什么"就比"指数基金的优点"好得多,这是我们的思维习惯决定的。

通过这两个步骤,我们很快就会在基金投资的基础知识方面建立自己的体系,读书的速度也会越来越快,因为大多数书籍的内容是一样的,只是换一种表达方式,很少有新观点。通过这种方法,一年阅读100本、200本,甚至更多的基金类书籍都是可以实现的。

第三步,在建立了知识体系的基础上,投资者可以针对具体的基金去查阅它的基础资料。比如指数的编制方案、指数单张、成分权重等,还可以查询指数基金的招募说明书、基金合同、财务报表、分红公告等,自己做一些深度研究。掌握了具体的基金分析流程和方法,很快就会具备较深的基金研究能力。

第四步,记录自己投资过程中交易的细节、领悟和反思,建立自己的能力圈,善于向其他投资者学习交流。这样,投资者才能在基金投资的路上走得更成功。

基金的投资不难,并没有特殊性,只要我们保持谦逊,认真学习,就能避免很多没必要的问题。基金的投资也不容易,需要投资者付出较长的学习时间并保持独立、理性的思考。这就是我关于投资者在基金相关知识学习的经验。

第二节　通过基金的形式投资股票

　　资本市场过去几百年的历史已经证明,股权是最好的投资品种。我认为,通过基金投资股票更适合普通投资者。

　　投资有很多种,股票、债券、黄金、字画等商品,以宾夕法尼亚大学沃顿商学院金融学教授、华尔街金融投资专家杰里米 J. 西格尔博士为代表的学术界在研究了 1802 年以来各种投资品种的收益率后,得出了一个重要的结论:股票的收益远超其他品种,而大众心中的硬通货黄金和美元则处于相对贬值中。美元作为一种信用货币,在较长时间段出现贬值(并不意外),这是所有信用货币的宿命。黄金收益较低则主要是因为其不能产生现金流,无法形成复利。事实上,一切不能产生复利的资产,比如字画、珠宝等,在长周期内的增值效率都是不高的。至于票据、债券,虽然能收取一定的现金流,但是收益率却低于股票,自然被股票远远抛在身后。

　　这里不好理解的是,为什么股票的收益率比债券要高。股票是股权,是去创造财富的人拥有的;而债券是借钱给别人的,如果借钱给别人比自己干更赚钱,那么谁还去创造财富呢,大家都把钱借给别人好了。市场经济的核心功能是优化资源配置,这种功能是以收益率为牵引实现的,股权承担了较高的风险,收益率必然要高于债权。

　　现在我们知道了股票是最好的投资品种,但是在证券市场上通过投资股票赚钱非常难。金融市场是一个对与错、光与暗相互交错的地方,真理时常蒙灰,甚至改头换面,令参与者真假难辨。

　　在我看来,一个成功的股票投资者至少需要迈过五道关口。

　　第一,哲学关。投资的本质是认知,认知是一种思维方式,是一种哲学的形式。投资就是自己对世界全部认知的财富兑现,投资者的知识储备、思维范式、性格等都会在自己的交易中有所体现,投资不是一个看谁赢得次数多的游戏,而是看谁最后赢得多的过程。

第二,商业知识的学习。投资总是一个个具体的标的,光有投资理论远远不够,我们必须在对经济发展规律有一定认识的基础上,懂得商业模式、企业文化、企业战略、企业文化等。

第三,投资思维的建立。商业知识和具体的投资实践还有着较大的差距,我们在认识到一个公司的商业价值后,还需要去判断它的投资价值。

第四,财务分析和估值能力。在对投资标的有了感性的认识后,我们还需要具有一定的量化分析能力。对于许多个人投资者来说,看懂企业的财务报表可不是一件简单的事情。在分析企业财务报表的基础上,估值才是一切研究的目的,对不同行业类型、不同生命阶段的企业进行估值是一件难度颇大的技术活儿。

第五,成熟的投资心态。投资不是一场竞技游戏,而是一个人的人生修炼。在长期的投资中,资本市场的震荡对人性的考验极大,有别人暴富的诱惑,有自己巨亏的煎熬,有逻辑得不到认证的焦虑,有收益不及预期的迷茫。在这样的市场中保持冷静、客观和理性,非常不容易。

在实际投资中,因为宏观经济和企业都是不断变化的,这就要求投资者不仅要持续学习、终身学习,还必须有强大的信息获取和处理能力。

这五道关口导致了普通投资者在股票中掘金鲜有成功者,投资看似很简单,却并不容易。那么,投资基金对于普通投资者来说或许是最好的投资方式。

第三节　选择被动基金

按照运行是否有人主动管理,基金可以分为主动基金和被动基金。主动基金是在基金的运行中,由基金经理根据自己对市场和股票的判断,选择并购买一定数量的成份股。被动基金则是按照事先确定的特殊规则运转的,其成份股的选择和权重由规则决定,不受人为干预,追求误差最小。

主动型基金与被动型基金之争,硝烟一直未平。说到底这种争论本质上是两种思维模式的分歧:相信自己的判断,挑选优秀的金融产品,实现优势赢平均,还是依靠数学概率,被动获取投资收益?是演绎法,自下而上寻找优秀的企业,实现"数月亮";还是归纳法,自上而下去持有一揽子股票,实现"不战而胜"?

在这个问题上,我认为被动投资更适合普通投资者。

一、主动投资整体注定不如被动投资

投资者怀着资产保值增值,实现财务自由的梦想进入股市,并在牛市狂欢,但是现实是残忍的,这体现在两点:绝大多数的主动交易者注定跑不赢市场,牛市往往是投资者的滑铁卢。

为什么说股市"七亏二平一赚"是常态呢?

我们假定一开始证券市场的投资者全部不交易,只持有,这个时候全体的收益率和上市公司的资产增值能力是相等的。

现在投资者开始分群,A 代表被动投资者,继续持有不动,其投资整体费率非常低;B 代表主动投资者,通过跟踪价值和价格的错误定价或抓住价格的变化趋势谋取超额收益,不管是怎么样,一定是通过交易以低买高卖的形式盈利。

此时,B 类投资者分为两种:B1 和 B2。B1、B2 分别代表在主动投资的内部博弈中收益增大和收益减少的群体,原先属于 B 类投资者的收益被 B1 和 B2 平分,但是因为在交易中产生的摩擦费用,B1 和 B2 能够获取的总收益低于 B 类投资者,即收益率排名 A = B > B1、B2 的平均值 > B2。

这个时候全市场中只有 B1 和 A 类投资者的收益排名不明确。原本 A

只想获取市场平均收益,但是因为组成市场全部投资者的 B 类群体内部出现争斗,导致交易成本出现,A 类投资者的收益反而超越了全部投资者的平均收益率。

A 类投资者取得了市场的平均收益率,但是超越了全体投资者的平均收益率,因为交易费用的产生,市场的平均收益率和全体投资者的平均收益率不再一致。假定市场的投资者为 100% ,A、B 各占 50% ,B 类投资者 B1 和 2 为对手盘,那么理论上投资收益超过 A 类投资者的不到 25% ,再考虑到 B 类群体内斗产生的损耗,这种内斗越剧烈,超越 A 类投资者的群体越少。由此我们推导出,在牛市中,绝大多数人跑不赢被动式投资者,原因是交易剧烈,损耗空前巨大。热火朝天的牛市是主动型投资者整体盈利的坟墓。

综上所述,主动投资者整体的收益率是不如被动投资者的。

二、牛市往往是主动投资者的"坟墓"

刚才我们分析了在牛市中,主动投资者整体收益是不如被动投资者的,现在我们说明一下为什么在牛市中,绝大多数主动投资者是亏损的。

以一个牛熊市周期为例,全体市场参与者赚的钱不高于全体上市公司的盈利。同样的股权,牛市的持有成本高,熊市的持有成本低,形成利润分配的跷跷板。只是熊市持有股票该分配的大部分利润在牛市兑现,牛市中该分配的少部分利润在熊市兑现,利润少而参与者多,牛市中投资者赔钱的比例远超熊市。这里面有一个利润的延迟兑现。

在个体层面,牛市就是股票价格的非理性上涨。很多人说享受泡沫,其本质是希望享受泡沫的好处,而避开泡沫的危害。事实上,面对巨大的账面浮盈,很少有人能控制住内心的贪婪。

进一步说,周期是股市的必然规律。只有大多数人赔钱,熊市才会结束,牛市才会到来;只有大多数人赚钱,牛市才会结束,熊市才会到来。在牛市大多数人已经赚钱的时候,要警惕牛市向熊市的转换,因为人性的贪婪,越涨越自信，越涨越有理，越涨越加仓，越涨买的人越多，投资者总体的成本并不是牛熊周期的中位数，而是接近于牛市的顶点。那么，当牛熊市转换的时候，亏钱的人比例就会非常高。

从人性角度讲，牛市是赚钱的时候，没有谁会轻易走人，只有自己赔钱了，赔的服气了才会彻底离场。

进一步地，在特定的存量市场中，较多的亏损者才能供养一个盈利者，这种能量传递中的不对等，使得主动投资者群体亏损的比例较高，比如出现一个像巴菲特这样的主动投资大赢家，可能出现大量亏损的小散户。

这样看来，因为客观的统计学规律，与生俱来难以克服的人性，再考虑到投资具体企业不可避免的政策风险、经营风险、财务风险等，主动型投资者想战胜市场难之又难。

所以，从长期看，我认为主动型基金整体是很难战胜被动型基金的。

三、其他因素

在股市中，主动基金的投资收益和基金经理直接绑定，但是我们很难在短期内分清楚决定基金经理业绩的到底是市场因素还是实力。

假如一件事情的成功概率是千分之一，理论上来说，只要我们连续做1 000次，那么一定有一次成功。在股市中主动投资者成千上万，我们基于其历史业绩寻找一个真正有能力的基金经理非常困难。

基金经理的业绩还受其投资风格的影响，即使一个基金经理能力很强，但是有可能连续几年市场的风格与他的投资策略都不一样，那么其投资业绩也就不好了。

即便我们找到了这样一个优秀的投资基金经理，但是随着时间的变化，他熟悉的投资环境可能发生改变，使得他以往投资成功的经验不再起作用了。人本身也会发生变化，可能投资经理的风格发生了变化。

对于主动投资的基金经理，对手不仅有交易方、规则限制，其实基金经理最大的对手是基民、投资者本身，这是所有基金经理的噩梦。投资者和基金经理不能同心同德，逼迫基金经理跟随市场先生的脑袋，而不是利用市场先生的钱袋。

再退一步讲，我们找到了这样的基金经理，能力很强，风格不变，投资风格和市场共振，但是基金经理的收益是依靠规模和收益提成的，基金经理渴望把基金规模做大，基民渴望投资收益好的基金，基金经理的业绩越好，他管理基金的规模会越大，直到超出其掌控范围，从而带来收益率的下降。

即便是像彼得·林奇、巴菲特这样的投资巨擘，资金管理规模也会显著影响其投资策略和收益率。毕竟，或高或低，每个人都是有能力边界的。

我们会发现，投资被动型基金，特别是宽基指数基金，可以有效规避绝大多数的投资风险，获取稳定的、超越市场平均投资者的收益，适合绝大多数投资者。绝大多数主动型基金注定是跑不赢市场平均值的，这里面会有一定比例的优秀投资者，一定会有，但是比例很低，可以长期获取超越市场平均值的投资收益。

这种必然性是由股票投资的统计学推理、存量市场的盈亏对等假设、基金经理的规模陷阱、基金经理的投资约束、基金经理和投资者的相互制约五大因素共同决定的，是一种客观存在的规律。

很多人认为，中国是"弱有效市场"，不适合"价值投资"，这些在国外股票市场被证实的规律在中国不适用，而我认为，市场越是不成熟，越是非理性，那么价值投资的盈利空间就越大，市场规律就越有效。这些规律不因个例的出现而失效，也不排斥出现个例，规律之所以被称为规律就在于其统计有效性，个别案例的出现恰好说明规律的有效性。

第四节　巴菲特和指数基金

巴菲特是主动投资者的杰出代表,但是他却在不同场合多次推荐指数基金,其中最有名的就是"巴菲特的世纪预言"。

一、巴菲特和基金经理们的"世纪预言"

2007 年 12 月 19 日,巴菲特在 Long Bets 网站上预言:"在 2008 年 1 月 1 日到 2017 年 12 月 31 日的十年间,标准普尔指数的收益表现将超过扣除手续费等各种成本后的对冲基金组合。"如果巴菲特预言成功,100 万美元(后来被加至 222 万美元)将打给巴菲特指定的慈善组织。反之,将打给对方指定的慈善组织。

巴菲特说:"我充满期待地等待各位基金经理来挑战,毕竟他们有能力让客户掏出几十亿美元来,他们不应该害怕拿一笔小钱出来跟我较量一下。"但是,随之而来的是一片寂静,几千名职业投资经理里最终只有一个人——泰德·西德斯应战了,他是门徒基金公司(门徒基金公司管理着 35 亿美元的资产)总裁。

泰德选择了 5 只对冲基金作为投资组合,期望能够战胜标普 500 指数。美国的对冲基金类似于国内的私募投资基金,是主动投资类型中的精英代表。

到了第九个年头,标普 500 年化收益率已经达到 7.1% ,但同期基金经理挑选的基金收益率只有 2.2% ,挑战者眼看最后一年翻盘无望,只好提前认输。在《2018 年巴菲特致股东的信》中,他再次完整披露了他预言的数据,标普 500 指数以 8.5% 的年化收益率碾压所有 5 只对冲基金组合。这 5 只精挑细选的组合,除了在 2008 年股灾中跑赢了指数,在随后的 9 年里,这 5 只基金作为一个整体,收益率每年都落后于指数基金,其中一只组合最后还被迫清盘。

赢得预言后,巴菲特说:"长期看,确实有部分有经验的人能超过标普500指数的表现。然而在我的一生里,我也就提前判断出10个左右的专业人士,能够如同我预期的一样完成这一壮举。当然,一定有成千上万的指数超越者是我没有见过的,毕竟跑赢指数并非不可能。不过问题在于,大多数试图跑赢指数的基金经理最终都会失败。"

巴菲特认为,战胜标普500指数是一场壮举,只有很少的人能够实现。

二、巴菲特与指数基金

事实上,在这场预言之前,巴菲特就已经多次推荐指数基金了。

1993年,在致股东信中,巴菲特第一次谈论指数基金,他写道:

"通过定期投资指数基金,一个什么都不懂的业余投资者竟然能够战胜大部分专业投资者。

奇怪得很,当"傻钱"知道自己的缺陷时,它就不再是"傻钱"了。

但是,如果你是稍有常识的投资者,对商业有基本了解的话,你应该能够找出5到10家股价合理且具备长期竞争优势的企业。

此时,分散投资理论对你就毫无意义了,它反而会损害你的投资成果并增加你的风险。

我实在无法理解一个投资者为什么要把资金投向熟悉程度是第20名的企业,而不是集中在前面几名最熟悉、性价比最高的投资上。"

1996年,在致股东信里,巴菲特第二次谈起指数基金。他写道:

"对于各位的个人投资,我可以提供一点心得供大家参考:大部分投资者,包括机构投资者和个人投资者,早晚会发现最好的投资股票方法是购买管理费很低的指数基金。

扣除各种费用后的指数基金投资收益率,肯定能够超过绝大多数投资专家。"

1999年,巴菲特对先锋基金创始人约翰·博格的《共同基金必胜法则》评价说:"令人信服,非常中肯而且切中时弊。这是每个投资者必读的书籍。通过持续不断的改革,博格为美国的投资者提供了更好的服务。"

2003 年,巴菲特在致股东的信中说:

"那些收费非常低廉的指数基金(比如先锋基金公司旗下的指数基金)在产品设计上非常适合投资者。

我认为,对于大多数想要投资股票的人来说,认购成本低廉的指数基金是最理想的选择。"

2004 年,巴菲特在致股东的信中又说:

"通过投资指数基金本就可以让他们轻松享受美国企业创造的优异业绩。但绝大多数投资者很少投资指数基金。结果他们的股票投资业绩大多只是平平而已,甚至亏得惨不忍睹。"

2005 年,致股东信里巴菲特直接指出:

"投资管理机构及基金经理,向他们的客户收取大量费用。然而,将这些机构和经理当作一个整体来看,他们是通过收费让客户赚得更少,让客户的回报率落后于最简单的指数基金被动投资。"

2006 年,巴菲特致股东的信发布后(已经是 2007 年了),就有了"世纪预言"。

2007 年,巴菲特还说:

"我个人认为,个人投资者的最佳选择就是买入一只低成本的指数基金,并在一段时间里保持持续定期买入。"

2008 年,巴菲特被问:"如果你只有 30 来岁,没有什么其他经济依靠,你攒的第一个 100 万美元将会如何投资?麻烦你告诉我们具体投资的资产种类和配置比例。"巴菲特回答道:"我会把所有的钱投资到一个低成本的追踪标普 500 指数的指数基金,然后继续努力工作。"

三、指数基金是智者的选择

在本书的前面内容中,我已经从逻辑上论证过,在各种投资资产中,长期看股权具有最高的收益率,而直接的股票投资对于普通人难度非常高,基金是一个更好的选择。而主动基金从整体看是无法战胜被动基金的,当投资者选择被动基金的时候,就已经几乎不承担任何风险地战胜了市场上的绝大多数投资者。

作为一个极其优秀的主动投资者,巴菲特却不厌其烦地推荐普通投资者投资被动基金(主要是指数基金,在本书中指数基金和被动基金将不做区分)。巴菲特并不是作秀,在给第二任妻子艾丝翠留下的遗嘱中,他要求自己去世后遗产的 10% 配置短期国债(以应对意外之需),90% 配置先锋SP500 指数基金。

在 2016 年致股东的信中,巴菲特说:

"当华尔街人士管理数万亿美元,收取高昂手续费时,通常是经理人获得丰厚利润,而不是客户。大型和小型小投资者均应坚持投资低成本指数基金。

如果要树立一座雕像,用来纪念为美国投资者做出最大贡献的人,毫无疑问应该选择杰克·博格尔。几十年来,杰克一直敦促投资者投资超低成本的指数基金。在他的投资生涯中,有大量财富流向了经理人的腰包,而他所积累的财富只占到其中很小一部分。这些经理人向投资者许诺带来丰厚回报,而实际上他们根本没带来回报,或者像赌局中的情况,带来的回报几近于无。

早些年,杰克常常被投资管理行业嘲笑。然而,今天他欣慰地获悉,他已帮助数以百万计的投资者用自己的储蓄实现了更高的回报,否则他们获得的收益要低得多。他是他们的英雄,也是我的英雄。

多年来,经常有人请求我提供投资建议,我通常给的建议是,投资低成本的标准普尔 500 指数基金。中等收入水平的朋友通常都采纳了我的建议。

然而,当我把这一建议提供给高收入人群、机构或养老基金时,他们都没有听我的建议。相反,这些投资者会礼貌地对我的建议表示感谢,然后去听收取高额手续费经理的言论,或者许多机构会向另一种被称为顾问的超级助手寻求建议。

然而,这些专业人士面临着一个问题。你能想象一个投资顾问会年复一年地告诉客户,不断增加复制对标普500指数基金的投资吗?这样做是职业自杀。然而,如果他们每年都推荐小幅改变管理策略,巨额手续费将流向这些超级助手。这些建议往往是艰涩难懂的胡扯,解释为什么流行的投资'风格'或当前的经济趋势适于进行这种改变。"

这段巴菲特式幽默的话中显示了巴菲特的投资智慧和真诚,他告诉普通投资者,分散化投资,选择低成本的指数基金并且坚持长期投资,可以取得优异的回报,而不需要听取其他任何专业(而多余的)投资建议。

股神巴菲特自己也为我们上了很好的一课,2009—2018年的完整10年里,巴菲特掌控的伯克希尔总收益率达210%,年化12%;伯克希尔股价涨幅242%,年化13.1%,均落后于标普500指数基金总收益率257%,年化13.6%的水平。在2019年情况进一步恶化,伯克希尔每股市价增长11%,而标普500指数为31.5%。

在2020年致股东的信中,巴菲特直接没有把伯克希尔和标普500做比较。我自己计算了一下,伯克希尔每股市价增长了2.42%,而同期标普500指数收益率为16.28%(以前一年度最后一天收盘价为基准计算,伯克希尔股价采取伯克希尔·哈撒韦A为计算依据)。

以1999年巴菲特在《商业周刊》发牢骚"就在几年前,我们还因为资金不足,不得不经常卖掉这个去买那个。那时候我的主意比钱多,现在开始我的钱比主意多了"为分水岭,巴菲特终于遇到了"钱比主意多"的尴尬,开始遭受流动性的诅咒。巴菲特开始触摸到自己的管理上限,尽管这个上限比绝大多数人都高得多,但是作为个人终究是有管理上限的,这一天肯定会来临。

像巴菲特这样优秀的主动投资者尚且不能长期保持战胜指数基金的战绩,我们想一想,这是不是能说明一些普遍的道理呢?

四、指数基金始终可以战胜市场

在当前的国内投资市场中,一些投资主动基金盈利的投资者,一些"长期"管理主动基金业绩战胜市场的基金经理,以及为了自身利益的基金公司,占据了舆论宣传的高地,他们说,由于 A 股体制机制不健全、投资者不成熟、市场波动大,优秀的主动基金经理是可以长期战胜市场的,只有当股市成为一个成熟市场后,指数基金才是一个更好的选择。

真的是这样吗?巴菲特在 2016 年致股东的信中说:

"许多非常聪明的人打算在证券市场上获得超过平均水平的投资收益,我们将其称为主动投资者。与他们相对的是被动投资者,按照定义,他们寻求获得市场平均收益。总的来说,他们的仓位大致接近指数基金的仓位。因此,市场的平衡方,即主动投资者也必须获得市场平均收益。然而,这些投资者承担的成本将高得多。因此,在扣除这些成本后,他们总体的投资收益将比被动投资者差。

这就是我的观点,现在我把它放进一个简易方程。如果 A 组(主动投资者)和 B 组(被动投资者)构成总体投资市场,而且 B 组扣除成本前的投资收益一定会达到平均水平,那么 A 组也一定会达到平均投资收益。成本更低的一组将获胜。如果 A 组成本过高,其亏空将是巨大的。当然,长期来看,部分有经验的人很有可能超过标准普尔指数的表现。然而,在我的一生中,我早期发现的这类专业人士也不过 10 个左右罢了,只有他们能完成这一壮举。

毫无疑问,有成百上千的人我从未见过,他们的能力可与我认识的人相媲美。毕竟,跑赢大盘并非不可能。不过问题在于,大多数试图跑赢大盘的经理最终都会失败。

像部分业余爱好者一样,一些专业投资者士在短期内也会因为走运而获得高收益,这让寻找罕见的、值得为其付出高报酬的基金经理变得更为困难。如果 1 000 位经理人在年初进行市场预测,则至少有一位经理的预测很可能在未来连续9年里都是正确的。当然,1 000只猴子中也有可能出现一个貌似无所不知的预言家。但二者间仍然存在差异:幸运的猴子不会遇到人们排队找它投资的情况。

最后,有三个有关联的事实,使得成功的投资中酝酿着失败。首先,良好的投资履历会吸引大量的投资资金;其次,巨额的资金总是保证投资业绩之锚:几百万的资金容易管理,几十亿的资金就不好管了;第三,由于大多数经理人的个人认识,即管理的资金越多,收取的手续费就越多,所以他们仍然会寻求获得新的投资资金。"

巴菲特曾经说过,不要问理发师你是否需要理发。当我们询问主动投资经理和基金公司我们是否应该投资主动管理基金的时候,答案经常是注定的。

这并不是说,没有能够跑赢市场的主动投资者,而是说,能够跑赢市场的主动投资者很少,我们很难识别运气和实力。长期跑赢市场很难,主动基金经理和投资者利益并不一致,主动投资者存在流动性诅咒。

指数基金教父约翰·博格曾经对美国股市回报来源展开深入研究,在1900年到2009年110年时间跨度的研究中,他发现标普500在110年实现了年化9.1%的投资回报率,其中8.8%来源于实业,0.3%的回报来源于投机,且投机回报正负呈现无规律状态。

怎么抓住这种投机回报呢? 约翰·博格说:"在这个行业里摸爬滚打了55年,我依然对如何预测投资者的心理一无所知。"他把自己的事业方向确定为:更注重实业回报,忽略投机回报的基金业,不仅可以给投资者带来更稳定的回报,同时还能矫正短期市场波动。

这就是两位投资顶级高手对于指数基金机制和收益来源的智慧沉淀,他们告诉我们,对于普通投资者,不需要听取任何专业的投资建议,仅仅是依靠投资低成本运营的指数基金就可以战胜市场上的绝大多数投资者,这是一种必然。当我们为了能够增加一点点收益,就付出巨大的努力,从而失去了很多人生应该有的其他快乐和成就,并且冒着巨大的失败风险。

至此,本书第一章,也是最重要的一章就结束了。在本书的后面部分,我将通过自己对指数基金的深入研究和市场规律的总结,试图去获取更高的收益。我对自己的这种努力,感性上很有信心,理性上却不能做出任何承诺。总想知道的更多,总想做得更好,或许这就是人性吧。

第五节　指数基金的优点

我们说的被动投资,主要是指指数基金,其优点有以下四个。

第一,获得股票市场的平均投资收益。

第二,省时省力,可以分散投资风险。

指数型基金相对简单,投资者只需要付出较少的时间成本就可以掌握。指数基金的产品也日益多样化,投资者可以通过指数基金的配置实现多层次的投资风险分散。

通过选择指数基金,投资者对具体企业的选择风险大大降低,不容易掉进致命性陷阱,很少出现本金的永久性亏损,这是投资者获取长期复利的重要条件。

第三,投资的摩擦成本非常低。

当前主流的券商场内指数基金的交易费率在万分之一以内,很多券商还可以免五,费率极低。

另外,股票交易有印花税,而用基金买卖股票没有印花税,企业也免征营业税和企业所得税。长期来看,买基金、指数基金就比经常直接买卖股票有一定的成本优势。

第四,长期确定的盈利能力。

很多朋友可能会有疑问,投资指数基金真的有利可图吗? 在证券市场中,宽基指数的成份股是国民经济中较为重要、较为优质的企业,其长期回报率会大于全国所有企业回报率的平均值,而一个国家所有企业的回报率平均值会大于名义 GDP 增速,考虑通胀的因素,名义 GDP 增速会高于实际 GDP 增速,实际 GDP 增速大于债券类回报,债券类回报大于现金及货币基金回报。

所以,我们投资宽基指数理论上会获得证券市场的平均收益,这种收益率足以超越整个社会的资产增值平均收益,可以达到保值增值的目的。

第二章
指数基金的理论知识

"工欲善其事，必先利其器"，如果投资者决定投资指数基金，那么认识指数基金就非常重要。投资者会遇到很多似是而非的问题，说到底都是指数基金的理论问题，掌握好这些内容，对我们做好基金投资大有裨益。

第一节　指数和指数基金

在投资中,我们做的所有工作都是为了帮助我们判断投资标的价值,然后根据当前该资产的价格、自己对未来市场的偏好确定合理的收益率预期。投资者还应该结合自己投资资金的时间长度和风险承受能力,做出具体的操作,这种单个的操作组合在一起形成了基金投资的组合,代表了投资者的整体认知能力。

在投资过程中,最重要的就是选择投资标的,这是基础性、关键性的工作,为了选出合适的投资标的,我们必须对指数基金进行深入研究。

一、认识指数

我们先看一下,什么是指数。

如果一个菜市场只有青菜一种蔬菜,当我们需要判断菜市场蔬菜价格涨跌的时候,我们只需要观察青菜的价格变化就可以。

如果菜市场有青菜和萝卜两种蔬菜的时候,当我们需要判断蔬菜价格涨跌的时候,我们只需要观察青菜和萝卜两种蔬菜的价格变化就可以。

但是,如果菜市场有 100 种蔬菜在销售的时候,我们要判断蔬菜价格涨跌就不容易计算了,尤其是当部分蔬菜价格涨,部分跌,或者部分涨得多,部分涨得少的时候,如何衡量菜市场蔬菜价格是涨还是跌呢?

大家想到的是,我们可以从 100 种蔬菜中挑出几个有代表性的蔬菜,用它们价格涨跌的变化表示整个市场价格的变化。

这个解决方案存在两个问题:什么是代表性? 选几个? 每一个的话语权(权重)如何分配?

比如,我们把青菜和萝卜作为代表性蔬菜,当青菜价格上涨了10%,萝卜价格下跌了5%的时候,那么整体价格是涨还是跌?涨多少?跌多少?

如果在这个组合中我们认为青菜的权重是0.8,萝卜的权重是0.2,两者的初始价格都是1元。那么,初始值就是1元×0.8+1元×0.2=1元。第二天价格是1元×(1+10%)×0.8+1元×(1-5%)×0.2=1.07元。现在计算价格变化就是(1.07元-1元)÷1元×100%=7%,我们认为采取这样的价格方法判断,整个菜市场的蔬菜价格增长了7%。

这个青菜和萝卜的组合就是一种指数,用来表示菜市场所有蔬菜价格的涨跌情况。

指数的本质就是一种规则,其核心有三个:选几个有代表性的成分标的,成分标的的标准是什么,每个成分标的的权重是什么,用来衡量成分标的所在的一个群体的价格变化情况。

具体到投资领域,指数就是一个特定的统计数据,它用采样股票形成的一篮子股票来表达特定股票群体的价格变化情况。

指数作为一种规则,一种统计数据,本身只有表达价格变化的作用,并不是可以用来交易的金融品种。

这时,指数基金就出来了。

二、认识指数基金

为了理解指数基金,我们简单讲一下基金的概念。基金的本质就是一个箱子,这个箱子里面装满了各种的资产,有股票、债券、基金、国债、可转债等。这个基金由投资者拥有,不同的投资者通过基金这种桥梁,把社会上的资金集中起来,交给专业的基金管理机构用来投资不同的资产,实现资产的增值保值。

指数是规则,基金是篮子,指数基金就很好理解了。指数基金就是按照指数的规则把从社会上筹资来的资金进行投资的基金。

很显然,指数基金是一种被动基金,其投资目标是紧密跟踪标的指数,追求跟踪偏离度和跟踪误差最小化。

对于指数基金,其运营和收益主要取决于追踪的指数,而和基金经理的个人投资能力关系不大,投资非常透明,也是一种同质化的金融产品。一个好的指数可能有几个,甚至几十个,我们选择指数基金的核心指标就是追踪误差越小越好、费用越低越好、规模越大越好。

三、认识指数增强基金

除了传统的指数基金,还有一种指数增强基金,顾名思义,就是一种增强版的指数基金。它的目标是通过部分主动管理,在不偏离标的指数风险收益特征的基础上,力争使投资组合获得高于标的指数的回报。

指数增强基金的收益可以分拆为两部分,一是标的指数的收益,即指数的贝塔(Beta,β)收益;二是超越指数的收益,即阿尔法(Alpha,α)收益。

增加收益的常见方法有以下几种。

第一种是因子增强策略。基金经理在原指数成份股的基础上,通过对不同因子的主动选择,进一步选股形成投资组合,在控制较低跟踪误差的基础上试图获取超额收益。

简单来说,就是在原指数的成份股占比不低于80%以及行业、风格等风险模型的限制下,对原指数的成份股以及成份股外的市场上的每只股票的权重做一定的调整优化,对具有更大升值潜力的个股进行适当比例的增仓,对没有升值潜力的个股进行适当比例的减仓。这种升值潜力,主要由基金经理根据自己的主观判断认定。

第二种是打新策略。在A股这个特殊的市场中,新股备受追捧,只要新股上市,市场参与者都想方设法买到,然后一起恶炒一番,这种"惯性"多年来收益可观而且风险极小。对于公募基金,在打新投资者分类中属于A类账户,获配比例最高,通过打新可以增厚基金的收益。

第三种是分红再投资。当成份股分红后,基金经理用这部分资金再投资,有助于提高指数基金的收益。

第四种是股指期货,第五种是转融通增强,这些都是金融衍生工具的运用。

第二节　指数基金的分类

指数基金的灵魂是指数,研究指数基金的分类首先要研究指数的分类。我们先从指数的编制开始研究。

一、常见的指数编制公司及指数说明

指数的编制方法虽然很简单,而且是透明的,但是一个指数要想获得市场的认可,除了本身具有一定的逻辑和独创性外,指数的编制机构必须有非常强的公信力。这个机构就是指数编制公司,除了完成指数定制、指数授权、数据服务等,还负责指数的管理和维护。

我们最常用的指数编制公司有中证指数公司(网址:http://www.csindex.com.cn/zh－CN)、上海证券交易所(http://www.sse.com.cn/)和深圳证券交易所(http://www.szse.cn/index/index.html)。

中证指数有限公司(中证指数公司)于 2005 年 8 月由沪深证券交易所共同出资成立,是中国规模最大、产品最多、服务最全、最具市场影响力的金融市场指数提供商,管理各类指数近 4 000 条。

中证指数公司(如下图所示)以编制发布横跨沪深交易所的指数为主,比如著名的沪深 300 指数、中证 500 指数都是由它发布的。自港股通开通以后,它开始编制发布横跨沪港深三地的指数。除了股票指数,它还编制发布中证债券系列指数等颇具影响力的指数。

中证指数有限公司官网截图

从 1990 年至 2018 年,上海证券交易所从最初的 8 只股票、22 只债券,发展为拥有1 450家上市公司、1 493只股票、27万亿元市值的股票市场,拥有1.2万只债券现货,总托管市值8.4万亿元的债券市场,拥有ETF、LOF等多品种共233只产品的基金市场,以及拥有上证50ETF期权的衍生品市场。为适应上海证券市场的发展格局,上交所建立了以上证综指、上证50、上证180、上证380指数,以及上证国债、企业债和上证基金指数为核心的上证指数体系,科学表征了上海证券市场层次丰富、行业广泛的市场结构,提高了市场流动性和有效性。上证指数体系增强了样本企业知名度,也为市场参与者提供更多维度、更专业的交易品种和投资方式。

深圳证券信息有限公司为深交所下属企业,经深交所授权,负责"深证"系列指数的规划设计、日常运维和市场营销等业务。指数事业部为国内最早开展指数业务的专业化运营机构,是中国内地交易所直属指数机构之一。

经深交所授权,深证信息负责"深证"系列指数的规划研发、日常运维和市场营销等业务,打造以"深证成指(如下图所示)+深证100、创业板指"("1+2")为核心的"深证"系列指数体系,反映战略新兴产业和新经济行业特点,凸显深市成长性特色,服务资本市场发展。同时,深证信息自2002年以来建立"国证"系列指数体系,率先推出覆盖本地和境外市场的系列指数,着力构建全球资产配置的"中国方案",服务市场多元化需求。

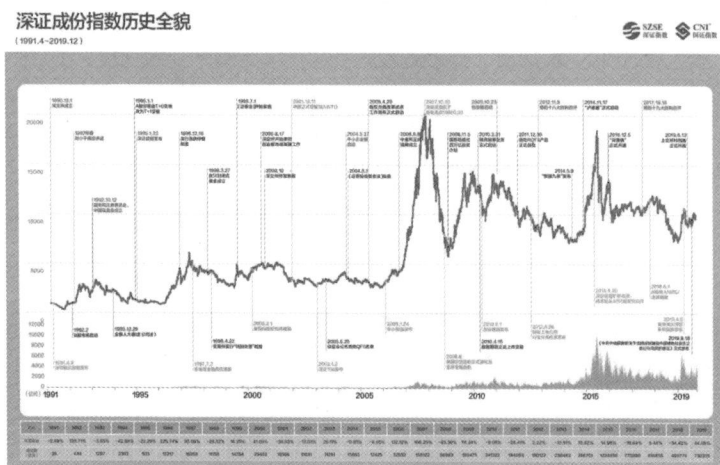

深证成份指数历史面貌

数据来源:深圳证券交易所指数机构官网

除了这三大指数编制公司外,我们接触比较多的指数还有标普道琼斯指数,这家公司是由标普指数和道琼斯指数两家指数公司于 2012 年 7 月合并而来,成为全球知名的金融市场指数提供商,著名的标普 500 指数和道琼斯工业平均指数就是这家公司创建的;MSCI(摩根士丹利资本国际,又称明晟)是一家提供全球指数及相关衍生金融产品标的国际公司,旗下编制了多种指数,其推出的 MSCI 指数被投资者广为参考,比较知名的有 MSCI 全球指数、MSCI 新兴市场指数、MSCI 中国指数等;富时罗素是英国伦敦交易所全资公司,是排在 MSCI 之后的全球第二大指数公司,旗下代表性的指数有英国股市的富时 100 指数(前金融时报 100 指数),代表美国股市的罗素3 000、罗素 2 000 等指数。

二、指数的分类

随着金融创新的发展,指数越来越多,为了投资指数基金,我们有必要对指数的分类进行研究。

按照深圳证券交易所指数机构官网的分类,指数基金可以分为规模指数、行业指数、主题指数、风格指数、策略指数、基金指数和定制指数。

1. 规模指数

规模指数是最常见的指数,也叫宽基指数、市值指数,主要根据成份股的市值等因素进行分类和编制,比如沪深 300、上证 50、中证 500 等指数。

2. 行业指数

行业指数是根据成份股所在的行业进行分类和编制,比如水电指数、金融指数、地产指数等。

3. 主题指数

主题指数是根据成份股所属的主题、概念等进行分类和编制,比如大数据、人工智能、5G 等主题指数。

4. 定制指数

定制指数是根据客户的特殊需求进行定制的指数,典型的有中关村 60

指数,这是由深市 A 股中规模大、流动性好的 60 只中关村民企股票组成,反映中关村国家自主创新示范区在深市上市的 A 股民营企业的运行情况。还有新浪 100 指数,这是由深证信息与新浪网联合开发,基于新浪财经大数据选股,反映舆情大数据投资策略在深圳证券市场的表现。

5. 策略指数

策略指数主要是聪明贝塔策略指数,这一块儿后面单独讲。

其实,从指数的角度讲,指数只是一种规则,当我们按照某种标准对规则进行分类后,就可以得到不同的指数分类,这些不改变指数和指数基金的本质。

比如,在中证指数有限公司官网上,它就把指数按照系列分为中证系列指数、上证系列指数、深证系列指数、中华交易系列指数、新三板系列指数和 AMAC 系列指数等。

第三节　因子投资和 Smart Beta

Smart Beta 就是上一节讲的聪明贝塔策略指数。这里的贝塔是指被动投资收益,是和投资市场直接相关的收益,来源于资产的内生性增长。

那么,为什么叫聪明的贝塔呢？我们得从头说起。

一、因子投资和投资策略

传统意义上的被动基金指的是指数基金,看似完美的指数基金有没有缺点呢?

1. 传统指数基金的缺陷

指数基金面临的主要是系统性风险,而系统性风险是不可以通过分散投资消除的。这里以上证指数为例,上证指数从 2018 年 4 月 10 日到 2019 年 4 月 10 日,指数从 3 190 点,到 3 211 点,几乎持平,投资指数基金的一无所获,如果投资以上证指数为跟踪目标的指数基金几乎颗粒无收,承担了巨大的系统性风险。蹊跷的是,这个时间段内绝大多数的优质蓝筹股股价屡创新高,这是怎么回事呢?

我们知道,一个金融投资产品的价格长期是由价值决定的。上证指数徘徊不前,正是其编制方法出了问题,指数出现失真,被部分市值较高的权重股"绑架"了走势。对于上证指数,其权重股基本上都是金融地产股,金融地产的占比过高,那么当金融地产不涨的时候,即使其他行业欣欣向荣,上证指数也不会涨。

如果上证指数是一个行业指数,那也无可厚非,但是作为大盘指数就很不应该了,很多人指责上证指数被金融地产"绑架"就来源于此。

2. 策略对传统指数基金的优化

由此可见,传统的市值加权指数存在诸多的局限,越来越无法满足投资者以低于主动管理的成本来获取超额收益的要求。因此通过在指数编制过程中对选股和权重安排的优化,获得跑赢传统市值加权指数的超额收益的Smart Beta策略应运而生。

在投资领域所谓的"Beta"是指广泛的市场表现,"Alpha"则说的是跑赢大盘的超额收益,分别代表被动投资和主动投资两大市场基本投资类型。传统的被动投资主要是利用预先设定好的规则,严格执行,来获取市场回报,代表就是各类主流的宽基指数。而传统的主动投资就是投资者按照自己的价值判断,自由管理资金、权重和仓位,试图超越市场平均回报,Smat Beta的全称是Smat Beta Strategy,中文名"聪明贝塔策略",结合了主动投资和被动投资的特点,不再以跟踪传统指数为目标,而是希望对原有指数编制过程中的选股和成份股权重进行优化,为投资者提供更加灵活的、多样化的投资组合策略,以及更好地管理组合风险,从而获得超越传统宽基指数的收益。

在长期的投资实践中,投资者发现有些主动投资的方法只要选股数量适当,在长期投资中总是可以战胜一般性的指数基金,并且这些方法可以用清晰的规则说明,甚至可以给出具体的量化方案。当投资者把这种管理方法固定下来的时候就成了一种策略,以确定的规则对成份股进行筛选,或者对成份股的权重进行优化,从而获取超越市场的回报,这就是用被动的方法获取较以往宽基指数更高的投资收益。

策略有很多种,比如一个投资者的策略中有如下描述:选择 5 年内净资产收益率大于 20% 的 30 只股票,按照净资产收益率的大小进行加权赋值。那么当时间从 5 年变为 10 年,或者净资产收益率从 20% 变为 15% ,或者 30 只股票变为 50 只股票,我们都可以认为这是不同的策略。但是很明显,这些策略之间有很大的相似性,即他们获取超额收益的来源是一致的。

继续对这种超额收益的来源进行研究,投资者发现了因子的概念,在石川、刘洋溢、连祥斌著的《因子投资:方法与实践》一书中对因子是这样表述的:

一个因子描述了众多资产共同暴露的某种系统性风险,该风险是资产收益率背后的驱动力;因子收益率正是这种系统性风险的风险溢价或风险补偿,它是这些资产的共性收益。

这意味着每个资产或者资产组合不管其表现形式如何,投资收益都可以分解为不同因子的收益组合。从这个角度讲,一个资产或者资产组合包含了哪些因子、因子的权重多少、每种因子对收益的贡献,这三种因素决定了资产及资产组合的收益。

换个角度看,每种策略都是不同因子成分以特定权重组合在一起的表现。投资的本质就是以因子为基本成分组成的策略在市场中获取收益的过程,外在表现为资产及资产组合。

策略以文字和数字组成的明确规则呈现给投资者,用以表达因子、因子组合、因子权重这三个核心要素。我们研究一个股票投资者的策略,研究指数基金逻辑的本质就是研究因子。

比如,在一个指数基金里面,其策略偏重于成长,那么这个因子就为基金的收益提供了主要的驱动力,同样的,也把成长的风险暴露在市场下,成长因子提供的超额收益就是其风险暴露的风险补偿。

3. 聪明贝塔策略的广泛使用

从因子的角度看,Beta 可以理解为资产的因子暴露,Smart 是形容词,"聪明的",所以 Smart Beta 可以被理解为通过挑选特定的(投资者认为是聪明的)因子,并暴露其风险(通过加权的方式),从而获取超额收益或者降低风险。

Smart Beta 有几个显著的特点:第一,规则清晰透明,回溯性强,属于量化投资的范畴;第二,投资者主动选择一个或者多个因子,可以实现特定的投资偏好和策略;第三,因子加权,和传统的市值加权方式完全不同;第四,追求超额收益或者降低投资风险。

从具体的交易上看,Smart Beta 是被动投资,但是从因子的选择和赋权上看,投资者的主观选择性很强,实现投资的千人千面,借助 Smart Beta 可以实现主动投资和被动投资的协调。

从大类讲,投资中使用最广泛的因子有六大类。

价值因子:利用市盈率、市净率等估值指标寻找低估值的股票建立组合,获取超额收益。

质量因子:利用净资产收益率、资产负债率等指标从盈利能力、成长性和财务健康等多方面指标选择股票,建立组合。

低波动因子:使用波动率、特质性波动率等指标,获取超额收益。

动量因子:通过选择过去一定时间段(一般是一年)总收益最高的股票,获取超额收益。

股利因子:也就是红利因子,选择股息率较高、持续稳定的公司,获取超额收益。

规模因子:用市值衡量公司规模并选股,传统宽基指数倾向于规模大的公司,很多 Smart Beta 倾向于选择规模小的公司,认为市值小的公司长期明显跑赢市值大的公司,可以获取超额收益。所以这个因子有时候也被叫作小市值因子。

这六大因子中价值、动量和规模因子一般认为是积极因子,而质量、低波动和股利因子则被划分为防御因子。在以上六大类因子中还可以组合使用,以更好实现适合投资者心意的投资策略。

对于投资者来说,选择合适的因子去组建策略是关键,一方面我们要熟悉和了解策略的历史表现,很多策略看起来很美好,但是做成清晰的规则使用历史数据回测,业绩并不如意;有的策略过去表现良好,但是在未来,在特定的投资市场,不一定能够获取超额收益。

二、投资策略和基金收益

什么是好基金呢? 能赚钱的基金是好基金,能赚超额收益的基金是好基金,基金能不能赚钱,一方面取决于投资策略的合理性,一方面取决于市场的偏好,两者缺一不可,分别是矛盾发展的内因和外因。

策略的本质是风险因子的选择和智能化加权。策略一定是有局限性的,一种投资方法在试图获取超额收益的同时,一定会把自己某些方面暴露在风险之下,换句话说,没有完美的策略,只有风险(也是收益)的取舍和平衡。

策略是投资者主动选择的一种工具,要想获取超额收益,必然要暴露一部分风险。每种策略都有适用的市场环境,而环境是没法预测的。策略的魅力体现在一个时间周期内,在较长的时间中,能够消除风险的波动,展现收益,我们才能有足够的信息去评价一只基金。

那么,策略本身的合理性、市场偏好,我们又加上一个足够长的时间,以上是判断基金优劣的三要素。

如果说策略是基金的生命,那么量化就是实现这种策略的工具。对于个人,必须要不断去跟踪效果,不断地去修正策略。对于基金投资者,则需要审视基金的选股标准、权重设计、调仓频率、修正标准以及交易成本等。然后根据自己对此种策略的有效性判断,决定是否纳入自选池,最后根据估值和价格的关系操作。

很多投资者赚了大钱,坚信自己的投资策略是正确的,但是没有去思考自己的策略为什么能赚钱,当市场环境发生变化或者自己的策略不足暴露出来的时候再思考就来不及了。

过去有很多人做 ST 股票,赌一定有急于上市的企业会借壳。近年来,随着股票的上市数量越来越多,这个壳的价值每况愈下。如果投资者根据历史经验还是坚持自己以往的策略,不排除个别的股票真能赚钱,但是从比较长的一段时间来看,这个策略基本上是已经失效了。

再比如,有很长一段时间,中小市值的股票都有不错的表现,但是随着国内市场经济的成熟,后来者逆袭越来越困难,持有行业的龙头企业则有超额收益,表现在基金上面就是中证 100 的收益率要超过中证 500 的收益率。

再比如,看世界各国的历史,能源及资源类企业长期的净资产收益率都比较低,那么我们长期持有一只能源类的基金收益大概率也不好。

做投资的时候,根据内在逻辑和市场环境选择合适的策略,是成功的第一步,选择大于努力。财报基本数字都看不懂的人非要去做股票,中小盘明显泡沫化还要坚持去里面挖金子,这样一开始就会把自己置于非常不利的境地。选择好的品种和策略,你起步的胜率就会大大增加。

基金的数据和模型是思考的开端。看到数据后就开始思考数据背后的逻辑,用概率、理性去看待过去发生的事情,以及现在发生的事情。将来的事情不一定是现在发生事情的延续,它有可能是延续,也有可能是反转。我们的思考建立在数据上,是要有前瞻性的,投资决策是面向未来的,逻辑、数据、发展相一致的策略才是好策略。

三、投资策略的局限性

我们继续从因子的角度进一步讨论投资策略的局限性,这里把因子和策略不做区分。

1. 聪明贝塔策略具有局限性

Smart Beta 的成功取决于三方面:第一,投资者对于因子的理解,选择正确的因子;第二,投资市场的风格和因子的契合度,投资者需要对未来市场的走向有一个方向性的判断;第三,任何因子能够获取超额收益的原因是相应的风险暴露,当市场和因子不一致的时候,投资者可以坚持对因子的信心而不放弃。

需要特别说明的是,因子的属性是固定的,有的因子长期看确实能战胜市场,但是市场是有周期性的,这种周期性跟宏观经济、商业周期和投资者情绪有关,不同的因子在不同的市场周期中表现也不一样。比如质量和动量因子在市场上涨、经济扩张、市场乐观时有较好的表现,质量、低波和股利因子在下跌市场、经济收缩、市场悲观时更胜一筹。

从理论上看,质量因子在任何市场都有较好的表现,所以理论上持有质量因子为单一因子的股票组合可以稳定战胜市场。

但是,在实际的投资中,这是不可能实现的,因子的暴露性越高,则可投资性越差,甚至不可实现。比如我们想建立一个纯质量因子的股票组合,这个组合很难有足够的流动性,同时有足够的股票数量,所以在实际的投资中,我们持有的组合往往是多因子的组合。

所以,纯因子组合只是一个数学模型,是理论上的投资组合,有助于我们认识因子的风险和收益,但是不具备可投资性。

不同的纯因子组合收益率理论上是独立的,或者呈低相关性,如果是强相关性,则不需要单独罗列。因子的这种特性,使得投资者需要学习的因子数量是有限的。投资者可以根据自己对未来市场的判断,在有限的因子中选择不同因子暴露的 Smart Beta 产品,实现全市场周期都能获取超额收益。

2. 聪明贝塔策略的加权方式

在讨论完风险因子后,聪明贝塔策略的加权方式也同样重要,前者决定基金买什么,后者决定买什么。通常情况下,市场指数都是按照市值加权来构建组合,比如沪深 300 指数,先根据一定的条件挑选出 300 只成份股,然后主要根据 300 只成份股的总市值来确定各自的权重,总市值大的对应的权重也高。而 Smart Beta 产品打破了这种局限,成份股的权重选择用其他方法来确定,以期达到构建的组合比传统的宽基指数要"聪明"些。

常见的几种权重优化方式有:基本面加权、等权重加权、风险平价加权、最小方差加权和最大多元化加权等。通过多样化的加权方式,基金的逻辑更能得到贯彻,灵活性加强。

综上所述,相比传统市值加权指数策略,Smart Beta 对于指数的管理更加主动化,通过系统性方法,结合主动管理方式,对指数成份股的选择和赋权进行优化,以获取战胜市场的超额收益;但与传统的主动管理相比,Smart Beta 又具有明显的指数化投资优点,规则化、透明化、低成本、高效率。聪明基金作为新生的理财产品,其生命力不容小觑。

3. 聪明贝塔策略对投资的启发

Smart Beta 产品通过在选股和赋权两个角度实现因子暴露去获取超额收益。多因子组合中往往采用打分的方式进行成份股的选择并赋权。Smart Beta 产品的组合一般通过确定选股范围、分配因子权重、计算范围内股票的因子总分、确定成份股、成份股赋权 5 个流程。

这 5 个流程是 Smart Beta 产品的组建流程,反过来想,我们也可以通过这 5 个步骤去反向分析一个 Smart Beta 产品:产品的策略是什么? 选股范围是什么? 选股标准是什么? 成份股的权重如何赋权?

Smart Beta 的优点非常明显。

第一是获取较高的收益,不管能不能实现,这都是投资者选择 Smart Beta的首要目的,通过相应因子的风险暴露实现超额收益。

第二是降低风险,通过分散持有符合因子标准的股票可以有效降低单只股票投资的风险,投资者还可以选择防御型类的因子,比如红利因子、低波动因子,进一步降低投资的风险。

第三从资产管理的角度,较高的透明度有助于潜在投资对象理解自己的产品,有助于减少资产管理者主观的风格漂移。

当然,其类指数化的投资方式,也有助于资产管理者执行投资纪律。Smart Beta 产品的调仓周期和传统的宽基指数类似,时间周期都比较长,减少了投资的摩擦成本。相比较传统的主动管理基金,Smart Beta 产品的收费更低,对投资者更友好。

最后,需要强调一下 Smart Beta 产品的风险。如前所述,Smart Beta 产品的生命力在于风险因子的选择和智能化加权,其本质是策略。策略是固定的,市场是全周期的,一种投资方法在试图获取超额收益的同时,一定会把自己的某些方面暴露在风险之下,换句话说,没有完美的策略,只有策略的取舍和平衡。

当投资策略和市场风格不匹配,甚至反向的时候,投资者就要承受盈利不佳的压力,这是我们试图获取超额收益不可避免的结果。

需要说明的是,对于选股和赋权规则明确的主题基金,本书在后面将对主题基金和策略基金不做区分,两种基金的投资逻辑和分析方法基本一致。

坚持做正确的事情,收获丰收的果实,这就是投资。如果你认可它的投资逻辑,就可以"风雨同舟",如果不认可就可以更换为自己喜欢的方式。如果说宽基指数是一个大众美女,那么聪明贝塔策略指数基金就是风情各异的异域美女,怎么选择就看投资者的风格偏好了。

第四节　量化投资的思考

在上一节中,我们发现聪明贝塔策略指数基金尽管是标准的被动投资,但是其具体的投资策略选择却给予了投资者很大的主动性。我们借这一话题进一步讨论主动投资和被动投资。

按照传统的投资理念,传统的被动投资主要是利用预先设定好的规则,严格执行,来获取市场回报,代表就是各类主流的宽基指数;而传统的主动投资就是投资者按照自己的价值判断,自由管理资金、权重和仓位,试图超越市场平均回报。

通过聪明贝塔策略指数的学习,我们发现通过因子的主动选择,被动投资很大程度上可以实现不同投资者的操作逻辑,也就是说被动投资也可以有点主动。

聪明贝塔策略指数基金是一种全新的投资方法,而不是固守成规的一种产品,其本身还在发展中。Smart Beta 常见的有三种基本模式:一是捕获某种特定的风险因子,如增加指数在股息率因子、价值因子、成长因子、市值因子等特定风险因子上的暴露度;二是采用非市值加权方式,如等权配置、因子加权方式等来为成份股赋权;三是增强策略的风险调整后收益。现在 Smart Beta 的相关基金品类繁多,都是基于这三种模式中的单一模式或者混合使用。

从聪明贝塔策略指数进一步发散,接着讨论量化投资。

1. 量化投资的本质是策略的数字化实施

量化投资是指通过数量化方式及计算机程序发出买卖指令,以获取稳定收益为目的的交易方式。量化投资和主动投资有着显著不同,量化投资有着清晰的数学模型和指标,包含了量化选股、量化择时、算法交易、股指期货套利等。

量化投资是完全基于历史数据的一种投资方法,必须要不断去跟踪效果,不断去修正策略。它不是价值投资和趋势投资的对立面,而是原来传统的方法进入了量化的时代,是工具应用和操作思维的改变,从定性到定量,从个股到投资整体,这个整体指的是股票群和长周期下的盈亏绝对值计算。

我认为这种模型和指标的结合本质就是一种策略,区别于聪明贝塔策略指数,它的策略更为丰富,参数的设置更加灵活,更容易受投资者主观影响,更具有私人性。而聪明贝塔策略指数的策略一旦定下就会保持相当长的时间,具有稳定性和公开性。

一种策略是不是获取超额收益,一方面长期来看取决于策略本身的逻辑是不是有效,另一方面在特定的时间段取决于当时的市场环境和资金偏好。这对于量化投资和聪明贝塔策略指数是一样的,所以我认为量化投资仍然是一种被动投资,是一种主动性更强的被动投资。

量化投资一个很重要的特点就是相信数据,而不是个人的好恶。比如在熊市时,时间长了大家的情绪就会很低落,每个人都会很保守。但是从量化投资的角度,以沪深300指数基金为例,看这个基金的市盈率百分位点是多少,现在的市盈率是多少,和国外主流的指数基金比较有没有高估,这才是我们要做的,而不是一味地被情绪蒙蔽住双眼,对市场呈现的事实视若无睹。

数据是我们思考的开端,而不是情绪,看到数据后就开始思考数据背后的逻辑,用概率、用理性去看待过去发生的事情,以及现在发生的事情,将来的事情不一定是现在发生事情的延续,有可能是延续,也有可能是反转。未来是无法预测的,是我们必须接受的投资环境。

我们的思考尽管是建立在数据上,但是是有前瞻性的,我们的投资决策是面向未来的,逻辑、数据、发展相一致的策略才是好策略。

量化作为一种投资工具,对于主动投资者也有很好的帮助。事实上我们在股票投资中经常使用量化作为粗选工具,然后逐步深入个股基本面。我这里举个例子,投资者资金比较大,比如10亿元,现在有个沪深300的宽基指数,然后市场上有一种策略,比如红利因子,在这里面挑出50只股票,按照一定的加权方式建立了大富翁红利基金,开始运转。这时候投资者觉得大富翁红利基金里的成份股不好,有的企业明明是破罐子乱甩,分一把就完,没有可持续发展的能力,他自己再加一个因子,比如说三年内扣非净资产收益率不低于15%。那么剩下就是15只股票了,完全可以成为他自己的一个主动管理组合。这个时候原有的宽基指数,经过了聪明贝塔策略指数和量化投资的方法后,最后变成了一定程度上的主动投资。

量化投资本质是一种交易辅助工具。首先找到关键逻辑(比如净资产收益率高低、估值指标的大小),局部因子根据市场和经济等具体投资环境进行适当调整。个性化的量化策略其实就是每个人的交易法则。如果我们先有了确定的交易法则,还可以用回测的手段快速、理性地检查自己的交易法则在历史交易中有没有明显的漏洞,以此作为一个参考。

还是那句话,逻辑、数据、发展相一致的策略才是好策略。

2. 量化投资不是主动投资的对立面

近年来,市场中有一种极端观点:世界范围内金融市场中的指数基金规模越来越大,尤其在成熟的股市中战胜指数基金的难度非常大,因为一旦出现估值的扭曲很快会被发现并纠正,所以主动投资以后的存在感会越来越弱。

其实,通过上面的分析我们已经知道,主动投资和被动投资其实并没有严格的界限。投资者可以设想一下,如果市场中全部是被动投资会怎么样?这个时候,市场怎么给股票定价呢? 一个没有股票主动交易的市场必然是一潭死水,没有任何生命力,市场也就失去了定价的有效性。这个时候,被动投资也就失去了生存的土壤。

资产的价格只有在无效性的震荡中才能实现有效定价,这种震荡只能通过主动交易的方式完成,所以被动投资永远不可能消灭主动投资。

同样的逻辑也可以推导出一个有趣的结论:市场的成熟度和散户的投资比例无关。很多人认为,只有散户不直接投资,而是把资金交给基金公司去操作,实现股市去散户化、股市机构化,才有可能成为一个成熟的市场。其实,股市作为一种生态,只要定好规则,保持活力(自由流动,优胜劣汰),留足时间,自然就能成熟。

第五节　行业指数基金和主题基金

我们把指数基金的投资范围从一般性的宽基指数,延伸到了聪明贝塔策略指数基金,乃至一般性的量化投资,但还有两个重要的品种没讲:行业指数基金和主题基金。这四类品种极大丰富了投资范围,使得投资者可以像投资股票一样投资基金,为实现更高的投资收益打下了基础。

投资股票和投资基金很像,区别仅仅是两者标的本身的风险不同,策略风险和市场风险还是一样的,我们的收益同样来源于标的、策略和市场。

选择具体标的的时候,在熟悉逻辑的基础上,对于标的内的成份股组合应该有所了解,比如上证 50AH 优选指数,它和上证 50 的成份股就是相同的,只是在 AH 市场选择了使用 AH 价差投资策略。那么投资者在组建自己的一揽子基金组合的时候就要避免把这两个指数同时纳入,因为它们的相关性太强了。

基于此,投资者也应该仔细研究行业指数基金和主题基金。

1. 行业分类及行业指数基金

行业指数和宽基指数是相对的。当指数基金在挑选成份股,对成份股所属行业没有任何限制的时候就是宽基指数,当要求成份股必须是某个行业或者某些行业的时候就是行业指数。

要了解行业指数,首先要了解行业的分类。摩根士丹利和标普在 2000 年时联合推出了全球行业分类标准(GICS),将行业分为 10 个一级行业,24 个二级行业和 67 个子行业,并建立了行业指数。其中,最主要的 10 个一级行业如下。

· 材料:金属、采矿、化学制品等。

· 可选消费:汽车、零售、媒体、房地产等。

· 必需消费:食品、烟草、家居等。

· 能源:能源设备与服务、石油天然气等。

· 金融:银行、保险、券商等。

· 医药:医疗保健、制药、生物科技等。

· 工业:航空航天、运输、建筑产品等。

· 信息:硬件、软件、信息技术等。

· 电信:固定线路、无线通信、电信业务等。

· 公共事业:电力、天然气、水等。

当然,这个分类由来已久,在投资中我们经常接触的是申万行业指数,申万行业是指申银万国证券对行业的划分方法,他们从投资管理角度出发,兼顾实际的研究需要,划分出申万一级行业、二级行业、三级行业。

申万一级行业分类标准设立一级行业 28 个、二级行业 104 个、三级行业 227 个。28 个一级行业包括:轻工制造、采掘、传媒、电气设备、电子、国防军工、计算机、公用事业、非银金融、房地产、交通运输、汽车、建筑装饰、金融服务、医药生物等。

若要细致了解申万行业的划分,投资者可以登录申万宏源研究官网,进入申万指数页面选择有关选项进行查询。

具体行业的分类有不同的角度,也有不同的体系,投资者了解一下就可以。

在中证指数有限公司官网上,可查询到中证指数系列的行业指数有 203 个,上证系列指数的行业指数有 37 个,AMAC 系列指数的行业指数有 43 个。这些数目还在随着时代的发展和标准的变迁而变化,投资者没有精力也没有必要去一一掌握,只需要熟悉一下常用的行业指数就可以。

比如,必需消费行业指数。目前,必需消费行业的指数主要是以下四只:上证消费指数,从上海证券交易所挑选必需消费行业公司;上证消费 80 指数,从上海证券交易所挑选 80 家规模最大的必需消费行业公司;中证消费指数,从中证 800 指数,即沪深 300 指数和中证 500 指数中挑选必需消费行业公司;全指消费指数,从所有上市公司中挑选必需消费行业公司,覆盖范围最广。

与消费行业指数有关的还有一个大名鼎鼎的细分行业:食品饮料行业,指数为中证食品饮料行业指数。

医药行业常见的指数主要有五只:300 医药行业指数,挑选了沪深 300 指数里的医药行业公司,主要是大型医药股;500 医药行业指数,挑选了中证 500 指数里的医药行业公司,主要是中盘医药股;中证医药行业指数,包含了 300 医药指数和 500 医药指数,基本覆盖了医药行业的大中盘股;全指医药行业指数,从整个 A 股中挑选医药行业公司,它覆盖的医药公司是最全的;中证医药 100 行业指数,挑选了市值最大的 100 家公司,等权重分配,每只股票分配比例都只有1%,定期平衡。

理论上说,每个行业指数都可以有无数个行业指数基金,投资者在具体的指数基金投资中一定要先看指数,而不要被不计其数的指数基金迷惑。

2. 主题基金

除了传统的行业指数基金,当被动基金选择成份股的时候,不局限于一个具体的行业,但也不是所有的行业都可以,而是按照某个特定的主题进行选股,这就是主题基金。比如养老行业主题基金、军工行业主题基金、环保行业主题基金、互联网行业主题基金等。主题基金不仅涵盖各行业,而且还有一些热点,比如5G主题基金、自贸区主题基金等,这种基金充分说明了被动基金的核心是可以量化的策略,印证了投资者前面的理论探讨。

3. 最重要的还是策略

那么,我们就可以认为,主题基金和行业指数基金都是特殊的策略指数基金,当市场风格和基金的策略相一致的时候,基金就容易起飞,反之,就会跌得很惨。

在具体的投资中,市场的偏好常常是不讲理的,千奇百怪,神出鬼没。所以我建议,不管是行业指数基金、主题基金还是策略指数基金,投资者在选择投资品种的时候,一定要深入研究基金背后的策略是不是有逻辑支持的,基金的成份股选择和赋权是不是合理的。只有基础功扎实了,才会不惧市场的风浪,在一个完整的市场周期中穿越牛熊市。反之,当投资者看到一些"大数据""人工智能""高端制造"等令人眼花缭乱的主题基金,一定要打起精神,提高警惕,不要被一些玩概念的噱头误导。

第六节　价格指数和全收益指数

我们看一个有趣的案例,假如有一家公司,每年盈利1亿元,市场给予10倍市盈率的估值,公司市值10亿元,公司每年的盈利全部分给股东,

10 年间企业的盈利不变,市场的估值也不变。

我们把全体投资者看成一个整体,买进公司成本为 10 亿元,持有公司 10 年,每年分红 1 亿元,共计 10 亿元,10 年后公司的市值还是 10 亿元,我们能说投资 10 年收益为 0 吗?

1. 分红对基金具有重要作用

对于股票投资者,复权是一个常见的概念,复权有前复权和后复权。这是因为由于股票存在配股、拆分、合并、分红等事件,股票价格的走势图经常出现跳跃性突变,当投资者对股票价格进行数据计算的时候就容易出现错误。为了实现股票价格走势的连续性,就需要用复权的方法进行处理。

复权就是对股价和成交量进行权息修复,按照股票的实际涨跌绘制股价走势图,并把成交量调整为相同的股本口径,然后用相同成本进行比较。复权可以消除由于除权除息造成的价格走势畸变,保持股价走势的连续性。

需要指出的是,复权没有考虑到分红再投资的收益,如果公司的分红较大,持续时间较长,那么分红对于投资者的收益将产生显著的影响。

本书中的指数,其成份股就是由一只只股票组成的,那么成份股的股价变化就形成了指数的变化,指数基金跟随指数,所以说指数基金成份股的价格变化引起了指数基金的涨跌变化。

在《股市长线法宝》这本投资名著中,作者在第十章"股东价值之源:盈利与股息"中讲到,盈利是股东现金流产生的源泉。

公司可以按多种方式将盈利转换为股东的现金流。第一种,也是历史上最重要的方式,是现金股息支付。盈利中没有用于支付股息的部分被称为留存收益。留存收益可以通过如下方式来增加未来的现金流,创造价值:清偿债务,从而削减利息支出;投资于证券和其他资产,也包括收购其他公司;投资于资本项目,以增加未来利润;回购公司的股份(称为股份回购)。

如果一家公司偿还了债务,它就可以减少利息费用,由此增加可用于支付股息的利润。

这本书的作者反复强调了一个观点,公司的本质是为股东提供自由现金流,对于上市公司来说,就是通过股息的方式为股东提供自由现金流。

时间越长,分红在投资股票的收益中所占的比例就越大。西格尔对标普500从1871年到2012年的数据进行回测,发现股息分红是整个时期内股东收益的最重要来源。从1871年开始,股票实际收益率为6.48%,股息分红收益4.4%,资本利得收益率为1.99%。

那么,基金作为一种金融产品,尤其是我们一般投资的股票型基金,其基本组成都是股票,那么分红对于基金也同样十分重要。

指数包括几十甚至上百只股票,这些股票有的会派发现金股息,而指数基金跟踪指数,也会持有这些股票,自然也会收到现金股息。这些现金股息积累到一定程度,指数基金就会发放基金分红。投资者可以按照持有的基金份额收到分红。如果指数基金不分红,收到的现金股息,就直接归入基金净值中,也不会丢失。

投资者在很多基金的估值数据上看到股息率多少多少,其实不一定每年真的有这个分红到基金投资者手里。但是基金投资的股票是真正分红了的,这个分红是被基金拿到了的,基金有时候会分成给基金持有者,有时候直接留存在基金中用于再投资。

对于投资,不管是基金还是股票,分红都极为重要,投资者要用分红再投资的角度去思考一个投资品种真实的收益率。

但是,投资者在日常看到的指数一般都是没有包括分红再投资的,这就严重干扰了投资者对基金品种投资价值的判断!

2. 价格指数、全收益指数和净收益指数

我们常见的沪深300、中证100等指数都是价格指数,仅计算成份股股票价格的波动,不考虑上市公司分红因素的影响。

上市公司分红会除权,股价一般会下降,但是价格指数完全不会考虑这个因素,价格下降了就是指数下跌了。而在真实的投资中,分红引起的资产价格下跌并不是真的投资亏损,反而是我们投资收益的重要组成。考虑到分红的再投资是可以产生复利效果的,那么以股票价格变化为唯一准绳的这个指数就会失真,因为它把分红都当成损失了。

而全收益指数则把成份股公司派发的红利在除息日收盘后再投资回组合,也就是考虑了上市公司分红的因素,执行了类似基金分红中红利再投资的操作。

价格指数和全收益指数表现的差异,包括分红金额以及这些再投资的累计收益。股息率越高,投资时间越长,成份股估值越低,则全收益指数相对于价格指数的差异就越不能忽视。比如,银行行业指数、红利类策略指数,其全收益指数和价格指数就有相当大的差异。很多人投资指数基金,如果看到价格指数常年原地打转就误以为指数基金一无所获,这是错误的判断。

讲到这里,很多人就会有疑问,怎么能直接把成份股的分红按照再投资计算呢?你还没交税呢。是的,针对这个问题,还有个指数,叫净收益指数。相比较全收益指数,净收益指数则进一步细化了分红因素的计算,考虑了税收因素的影响。

总结一下,同样一个指数,价格指数没有考虑分红,严重低估了指数基金的长期复合收益;全收益指数考虑了分红再投资收益最高,但是没有考虑到税收因素;净收益指数考虑到了分红再投资及税收因素,是最接近真实收益的数据。

3. 全收益指数和净收益指数更有参考价值

基金公司很喜欢用指数基金的收益率和(价格)指数进行比较,因为从理论上讲,指数基金是无法跑赢全收益指数的。再考虑到指数基金有管理费、托管费、销售服务费等常规收费,基金买卖股票还有交易费,收到分红还要缴税。另外,指数基金因为要对应赎回,所以仓位不可能太满。那么指数基金跑赢净收益指数也很困难,只能欺负价格指数了。

价格指数严重降低了指数基金的真实收益率,全收益指数则稍微夸大了指数基金的真实收益。所以我觉得投资者应该使用净收益指数来衡量指数的真实收益。

那么,怎么查询指数的全收益指数和净收益指数呢?

以沪深 300 指数为例,我们打开中证指数有限公司官网,找到对应的基金资料(如下图所示),在指数详情里面的指数单张可以找到相应的代码。

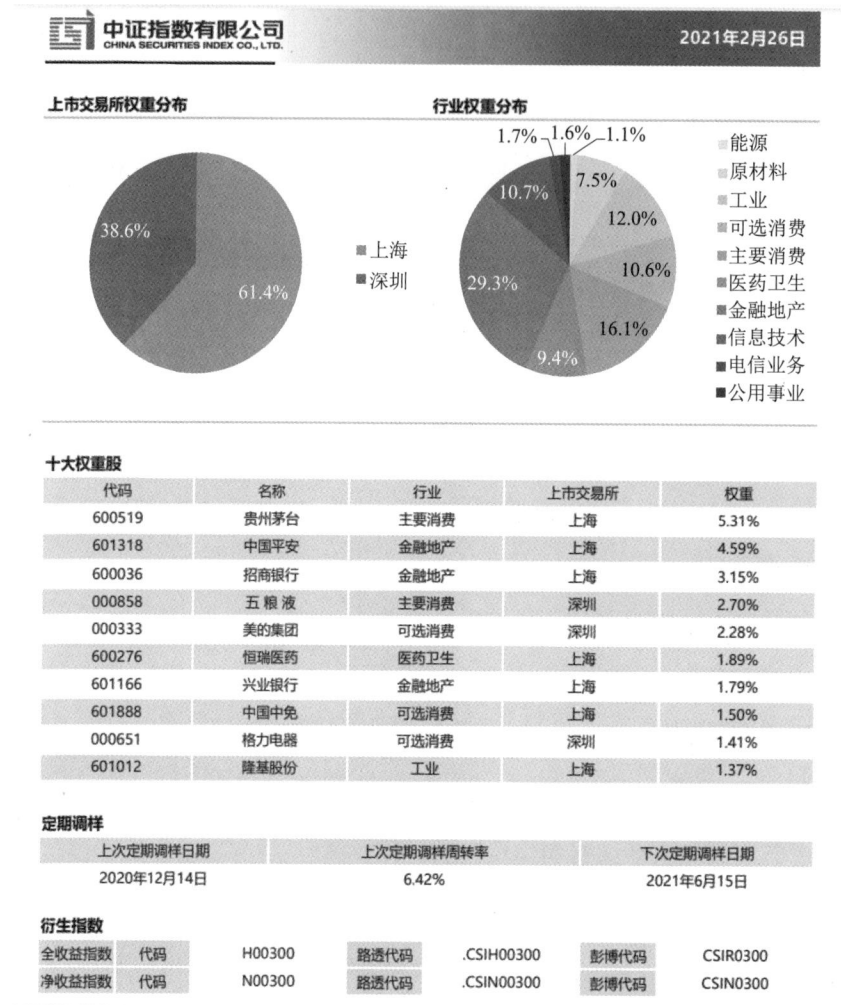

中证指数有限公司
CHINA SECURITIES INDEX CO., LTD.

2021年2月26日

上市交易所权重分布

- 上海 61.4%
- 深圳 38.6%

行业权重分布

- 能源
- 原材料
- 工业
- 可选消费
- 主要消费
- 医药卫生
- 金融地产
- 信息技术
- 电信业务
- 公用事业

1.7% 1.6% 1.1% 7.5% 12.0% 10.6% 16.1% 9.4% 29.3% 10.7%

十大权重股

代码	名称	行业	上市交易所	权重
600519	贵州茅台	主要消费	上海	5.31%
601318	中国平安	金融地产	上海	4.59%
600036	招商银行	金融地产	上海	3.15%
000858	五粮液	主要消费	深圳	2.70%
000333	美的集团	可选消费	深圳	2.28%
600276	恒瑞医药	医药卫生	上海	1.89%
601166	兴业银行	金融地产	上海	1.79%
601888	中国中免	可选消费	上海	1.50%
000651	格力电器	可选消费	深圳	1.41%
601012	隆基股份	工业	上海	1.37%

定期调样

上次定期调样日期	上次定期调样周转率	下次定期调样日期
2020年12月14日	6.42%	2021年6月15日

衍生指数

全收益指数	代码	H00300	路透代码	.CSIH00300	彭博代码	CSIR0300
净收益指数	代码	N00300	路透代码	.CSIN00300	彭博代码	CSIN0300

沪深 300 指数相关信息资料

如上图所示,全收益指数是以 H 开头的,净收益指数是以 N 开头的。

全收益指数和净收益指数的走势图在一般的股票软件是查不到的,这里建议大家使用"万得股票"这个软件,打开后输入相关代码(加上数字前面的字母)就可以了。

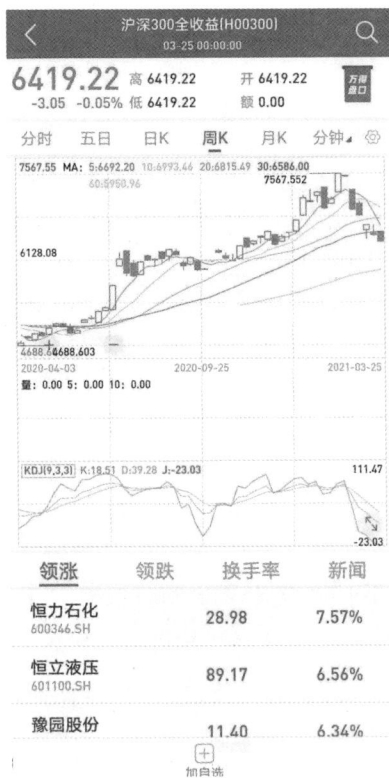

沪深300全收益指数走势图

我们以沪深300指数为例进行查询,在2021年3月25日收盘点位为6 419,而沪深300当天的点位仅仅4 926。

不仅宽基指数,行业指数也有自己对应的全收益指数和净收益指数。

投资者在判断指数基金投资价值的时候,可以多参考全收益指数和净收益率指数,这比单纯看价格指数更有帮助。

第七节　基金中的基金

在股票投资中,当我们投资不同股票的时候,就会形成一个股票的组合;在基金投资中,当我们投资不同基金的时候,就会形成一个基金的组合。当一个基金的投资品种是其他证券投资基金的时候,这类基金我们就叫基金中基金(FOF)。

基金中基金的特点是将80%以上的基金资产投资于经中国证监会依法核准或注册的公开募集的基金份额,而不直接投资于股票、债券等金融工具。FOF具有以下几个特点。

第一,强化分散投资。FOF持有单只基金的市值,不得高于FOF资产净值的20%,且不得持有其他FOF。除ETF联接基金外,同一管理人管理的全部FOF持有单只基金不得超过被投资基金净资产的20%。

第二,不允许持有复杂、衍生品性质的基金份额。

第三,合理设置投资限制条件。除ETF联接基金外,FOF投资其他基金时,被投资基金的运作期限应当不少于一年,最近定期报告披露的基金净资产应当不低于1亿元。

第四,重复收费。我们在购买基金的时候需要支付申购费、管理费等,当投资FOF的时候还要再收一次相关费用,这就是重复收费。根据现有规定,基金管理人不得对FOF财产中持有的自身管理的基金部分收取管理费,基金托管人不得对FOF财产中持有的自身托管的基金部分收费托管费,基金管理人运用FOF财产申购自身管理的基金(ETF除外),应当通过直销渠道申购,且不得收取申购费、赎回费、销售服务费等销售费用。但是重复收费并不能完全避免。

第五,分散了风险。基金是可以投资股票、债券等资产,FOF再投资一揽子的基金,FOF的投资分散度很高,一定程度上也降低了投资单只基金的风险。

第六,投资者更专业。如同基金经理相对于一般的个人股票投资者具有更为专业的投资经验,FOF的产品基金经理相对于一般的个人基金投资者也具有更为专业的投资经验。

根据FOF和它的基金投资方式(主动或者被动)的结合,FOF可以分为主动管理主动型的FOF、主动管理被动型的FOF、被动管理主动型的FOF和被动管理被动型的FOF四种。

根据投资标的及投资方向划分,FOF可以划分为股票型FOF、债券型FOF、货币型FOF、混合型FOF以及其他类型FOF。

第三章

指数基金的实战知识

在学习完指数基金的理论知识后,我们将学习指数基金投资中的具体分析方法。这些问题都是非常常见的和重要的。通过这部分的学习,投资者将具备基本的指数基金研究能力。

第一节　指数和指数基金的表现差异

　　指数基金是跟踪指数的,这看起来很简单,无非指数有什么、买多少,基金照着做就行了。但是在实际的投资中,我们发现,跟踪同一个指数的不同指数基金的表现是不一样的,指数基金和指数的表现也不是同步的,这就是我们常说的指数基金对指数的跟踪出现了偏差。怎么理解这种偏差出现的原因呢?

　　第一种可能性,指数计算错误。我们知道指数是由发布指数的公司发布并维护的,指数的日常维护比较复杂,在沪深 300 指数的编制方案中"指数日常维护"有以下描述。

　　为确保指数能够及时反映相关证券的交易状况,中证指数有限公司按照以下规则对沪深 300 指数样本进行维护。

　　(1)中证指数有限公司根据上市公司公告对样本公司事件进行维护。

　　(2)根据公司事件类型的不同对价格或股本进行即时调整或集中调整,具体如下。

　　第一,即时调整,指对分红导致的样本除息价变动于除息日生效;对送股、配股、拆股、缩股等导致的样本价格、股本同时变动的事件于除权日生效。

　　第二,集中调整,指对其他公司事件,如增发、债转股、期权行权等分情况进行临时或定期调整。当总股本变动累计达到或超过 5% 时,对股本进行临时调整;当总股本累计变动不及 5% 时,股本变动将在定期调整时生效。

　　其中,临时调整生效日一般为引起总股本累计变动达到或超过 5% 时的公司事件公告中的股份上市日延后两个交易日(如上市公司公告日晚于股份上市日的,则将公告日的下一交易日视为股份上市日)。中证指数有限公司将在公司事件数据服务文件中对临时调整的公司事件做出提示,以供指数用户参考。

说明:本书后文将大量采用指数沪深300的内容作为案例探讨,主要包括编制方案、指数单张、成分权重、成分列表、指数行情、收益率和指数估值六部分内容,材料为2021年4月7日收盘后在中证指数有限公司官网下载所得,除特别说明,材料以此为准。

在上面的维护内容中,我们发现影响指数表现的因素非常多,除了公司行为外,还有指数的基本信息、样本调换因素等,那么就有可能出现指数的计算错误。这个时候就出现了指数和指数基金的偏差。

当出现指数计算错误的时候,一般持续时间很短,发布指数的公司有专门的指数修订规则用以纠正错误,减少损失。

第二种可能性,指数基金的计算时间跨度。我们知道,不同的证券交易市场因为国家法定节假日的影响,可交易时间也是不一样的。那么当一只基金的投资品种横跨不同交易市场的时候,就会出现基金公司因为放假基金净值停止更新,但是跟踪的指数却在不断发生变化的情况。

当停止交易的市场重新恢复交易后,基金需要根据指数的变化调整自己的持仓,第一个交易日指数基金的净值变化体现的是整个非交易期间加上第一个交易日该指数的总变化,那么我们在这个交易日就会发现指数基金和它跟踪的指数涨跌的"偏差"很大,这种"偏差"是合理的。

第三种可能性,基金的仓位影响。

首先,对于非ETF的指数基金,为了应对投资者的赎回,在基金中不会100%持有股票,会持有一定比例的现金,那么指数基金要精确复制指数的变化就会比较难,细微的偏差随着时间积累并放大影响,最后形成指数基金与跟踪的指数有较大的偏差。

其次,大额申购和大额赎回。大额申购对于指数基金的影响主要是稀释第二天的涨跌。大额申购的资金享受第二天的涨跌,但是该资金在当天属于在途资金,无法操作。如果第二天指数上涨,该指数基金的上涨就会较少;如果第二天指数下跌,该指数基金的下跌也会较少。

大额赎回对于指数基金净值影响主要有两方面,一方面,赎回发生的赎回费对基金净值有影响;另一方面,赎回卖出的价格对指数基金也有影响。由于赎回的投资者是按照当天的收盘净值确认的,但是为应对基金的赎回,基金经理需要第二天卖出股票,故卖出价格的高低对于继续持有的投资者存在影响。

第四种,成份股停牌的影响。这主要是因为停牌成份股估值的调整引起的,这个和基金的现金替代体系紧密相关。现金替代是指申购、赎回过程中,投资者按基金合同和招募说明书的规定,用于替代组合证券中部分证券的一定数量的现金。

替代金额的确定以及停牌结束后替代金额与成份股之间的转换肯定不是那么精准,那么这就会导致指数基金和跟踪的指数之间出现偏差。

第五种,汇率因素。很多跨市场的指数基金产品,其对应的指数都是按当地的货币计价的,但是指数基金则是按人民币计价的,当汇率发生变化的时候,也会影响到指数基金对指数的追踪精度。

第六种,由于标的指数调整成份股或变更编制方法,使基金在相应的组合调整中产生跟踪偏离度与跟踪误差。

第七种,由于标的指数成份股发生配股、增发等行为导致成份股在标的指数中的权重发生变化,使基金在相应的组合调整中产生跟踪偏离度和跟踪误差。

第八种,成份股派发现金红利将导致基金收益率超过标的指数收益率,产生正的跟踪偏离度。

第九种,由于基金投资过程中的证券交易成本以及基金管理费和托管费的存在,使基金投资组合与标的指数产生跟踪偏离度与跟踪误差。

第十种,在基金指数化投资过程中,基金管理人的管理能力,例如跟踪指数的水平、技术手段、买入卖出的时机选择等,都会对基金的收益产生影响,从而影响基金对标的指数的跟踪程度。

第十一种,其他因素产生的偏离。如因受到最低买入股数的限制,基金投资组合中个别股票的持有比例与标的指数中该股票的权重可能不完全相同;因缺乏卖空、对冲机制及其他工具造成的指数跟踪成本较大;因基金申购与赎回带来的现金变动等。

综上所述,指数基金尽管是一种被动型的产品,但是在实际运行中,因为机制的原因导致它对指数的跟踪不可能是精准的。我们在选择追踪同一个指数的不同基金产品的时候,可以优先选择基金运行时间比较长、追踪效果比较好、基金规模比较大的产品。

第二节　ETF 和 LOF 的区别

ETF 和 LOF 是基金投资者常接触的两个专业术语,这一节我们来分析两者的区别。

根据运作模式不同,基金可以分为开放式基金、封闭式基金和定开式基金。封闭式基金是指基金份额总量在基金合同期限内固定不变,基金份额持有人不得提前申请赎回的基金;开放式基金是指基金份额总量不固定,基金份额可以在基金合同约定的时间和场所申购或者赎回的基金。定开式(定期开放式)基金,特点介于二者之间。

1. ETF 的特点分析

ETF(Exchange Trades Funds)即交易型开放式指数证券投资基金,简称交易所交易基金,是一种在交易所上市交易的开放式指数基金,兼具股票、开放式指数基金及封闭式指数基金的优势和特色,其以某一选定的指数所包含的成分证券或商品为投资对象,依据构成指数的证券或商品种类和比例,采取完全复制或抽样复制,进行被动投资,是一种高效的指数化投资工具。

简单说,ETF 具有开放式基金的全部优点,同时具有与股票类似的交易和流通属性,只是其交易标的由单一的股票变成了一揽子的股票组合,ETF 以一揽子的股票所有权进行申购和赎回。

交易型,表明这款基金可以在证券交易所像股票一样买卖。过程非常简单,只要在股票交易软件上输入相应的 ETF 基金的代码,就可以委托下单。在交易的过程中,基金份额并没有改变,只是在不同的投资者之间发生了转让。

开放式,指的是投资者可以向基金管理公司申购或者赎回份额。只不过申购是拿一篮子股票换取基金份额,赎回是以基金份额换回一篮子股票。

ETF 有两个显著的特点。

第一,独特的实物申购、赎回机制,即投资者向基金管理公司申购 ETF,需要拿这只 ETF 指定的一篮子证券或商品来换取,赎回时得到的也是相应的一篮子证券或商品。

ETF 以股票实物而非现金申赎,使其不会因为大额或巨额申赎而让原有持有人利益受损。投资者以股票实物换份额或以份额换股票实物,不仅可以盘间实时确认申赎,对 ETF 的基金仓位没有影响,最大程度地保护了原持有人的利益,而且也避免了申购者承担从提交申赎操作到实现权益之间的时间间隔所带来的额外市场风险暴露。这样的制度安排还使得 ETF 在追踪相应指数的时候有很高的精度。

ETF 有"最小申购、赎回份额"的规定,只有资金达到一定规模的投资者才能参与 ETF 一级市场的实物申购赎回,参与者一般为机构投资者或者大户。

第二,ETF 实行一级市场与二级市场并存的交易制度。ETF 这种一级市场和二级市场并存的交易制度使得 ETF 的套利交易成为可能,其原理如下。

(1)当二级市场 ETF 交易价格低于其份额净值,即发生折价交易时,大的投资者可以通过在二级市场低价买进 ETF,然后在一级市场赎回(高价卖出)份额,再于二级市场上卖掉股票而实现套利交易。

(2)当二级市场 ETF 交易价格高于其份额净值,即发生溢价交易时,大的投资者可以在二级市场买进一篮子股票,于一级市场按份额净值转换为 ETF(相当于低价买入 ETF)份额,再于二级市场上高价卖掉 ETF 而实现套利交易。

市场上有很多进行程序化套利的专业机构,当 ETF 价格大于实际净值时,它们就买入一篮子股票,换到对应 ETF,然后在二级市场卖掉 ETF 份额;当 ETF 价格小于实际净值时,它们就买入 ETF,提交赎回指令换取一篮子股票,然后卖掉股票,获得现金。

这些机构的存在会使得 ETF 实际净值和交易所买卖价格更接近,避免了封闭式基金普遍存在的折价问题。而 ETF 的费率较低,并且没有印花税,场内买卖只有券商的交易佣金。另外,管理费和托管费在三类指数基金产品里基本处于最低的水平。从国内外发展趋势来看,未来 ETF 会成为场内交易工具的主流。

2. LOF 的特点分析

LOF(Listed Open – ended Funds)上市型开放式基金是一种可以同时在市场外进行基金份额申购或赎回,并通过转托管机制将场外市场与场内市场有机联系在一起的一种开放式基金。可以说,LOF 指数基金是经中国本土化改良的创新品种。

LOF 基金与场外普通指数基金的最大区别在于 LOF 的增加场内交易功能,采用场内交易与场外交易同时进行的交易机制,为投资者提供了基金净值和围绕基金净值波动的场内交易价格,当场内交易价格与基金净值价格不同时,就存在套利的机会。

需要说明的是,深交所和上交所 LOF 基金的申购赎回效率并不是完全一致的。深交所的 LOF 基金通常当天买入基金份额,(T + 1)日才可以赎回,当天申购基金份额,(T + 2)日才可以卖出。上交所当日申购所得的上证 LOF 份额,当日不可卖出、赎回或转托管,(T + 2)日才可场内卖出;当日买入的份额,当日可以赎回、转托管,但不得卖出。

要做套利就需要估算当日指数基金的净值。因为指数基金是完全跟踪指数的,所以结合昨天基金本身的净值就可以估算。考虑指数基金会预留 5% 的现金应对赎回,故预估当天基金净值的公式为:上一日基金的净值 × (1 + 0.95 × 指数涨跌幅)。所以,这种套利也存在一天净值变化的风险。

综上所述,套利的原理虽然简单,但是要实现套利并不容易。市场上有很多专业机构采用量化方式一直盯着基金产品的定价差;作为个人投资者在技术和人力方面均不占优势,而且要实现套利,还要评估 LOF 基金的流动性,或者申购赎回的赎回费用成本等。

所以,我建议,对于散户,尤其是非专业的基金投资者,知道有基金套利这个事情就行了,没必要在这个上面花费太多的时间和精力。

3. ETF 和 LOF 的区别

(1)申购赎回机制不同

在申购和赎回时,ETF 投资者一般是使用股票完成的,投资者用一篮子股票来申购 ETF 的份额,赎回的时候,拿到手的一般也是一堆股票。而 LOF 申购和赎回都是以现金来完成的。

(2)申购、赎回的场所不同

ETF 一般在交易所内完成,LOF 则在代销网点和交易所都可以实现。

(3)参与门槛不同

ETF 在申赎上有份额的最低要求,一般至少要 30 万份,有的以 100 万份起步,起点较高。LOF 的申赎门槛较低,一般以 1 000 基金单位为起点。参与 LOF 基金的投资者以散户居多,而 ETF 申购赎回的投资者以机构居多。

(4)基金投资策略不同

ETF 采用完全被动式管理方法,以拟合某一指数为目标。而 LOF 则只是普通的开放式基金增加了交易所的交易方式,可以是指数型基金,也可以是主动型基金。

（5）净值报价频率不同

ETF 每 15 秒提供一个基金参考净值报价，而 LOF 一天只提供一次或几次基金参考净值报价。

（6）交易效率不同

LOF 基金交易效率低于 ETF，比如深交所的 LOF 基金当天买入，通常（T＋1）日才可赎回，当天申购，（T＋2）日才可卖出。由于时间差异，导致通常情况下，很多 LOF 指数基金场内折溢价会比 ETF 更高些。

参与 ETF 申购赎回的投资者一般以 ETF 联接基金和做市商为主，而参与 LOF 基金的一般以散户为主，机构参与场内申购 LOF 基金的非常少。LOF 与 ETF 相比，在指数型基金的跟踪精度及场内流动性均有不足，优点是可以实现开放式基金的场内交易，对于很多主动型基金具有不可替代的价值。

4. ETF 联接基金

了解完 ETF 基金的特点以及 ETF 和 LOF 的区别，我们接着讲一个特殊的基金：ETF 联接基金。

ETF 联接基金是将绝大部分基金财产投资于某一 ETT，即目标 ETF 下，密切跟踪标的指数表现，可以在场外，如银行渠道等申购赎回的基金。

在投资策略方面，ETF 联接基金投资于目标 ETF 的资产不得低于联接基金资产净值的90%，其余部分应投资于标的指数成份股和备选成份股。ETF 联接基金的管理人不得对 ETF 联接基金财产中的 ETF 部分计提管理费。

通过定义，我们可以看出，ETF 联接基金通过主基金投资，处于从属地位。若主基金不存在，联接基金也不存在。ETF 联接基金主要是为银行渠道和互联网公司平台的中小投资者申购 ETF 打开通道，可以吸引大量的银行和互联网平台客户直接通过联接基金介人 ETF 的投资，做大指数基金的规模，增强 ETF 的影响力。它还可以提供目前 ETF 不具备的定期定额投资等方式，满足投资者的多样化投资需求。

我们可以把 ETF 联接基金看成一种特殊的基金中基金（FOF），ETF 联接基金持有目标 ETF 的市值不得低于该联接基金资产净值的 90%，且不能参与 ETF 的套利。

总结：场内交易可以选择 ETF 基金，场外投资可以选择 ETF 联接基金。选择联接基金的时候需要注意交易费用，通过基金销售平台申购 ETF 联接基金需要交申购费，一般申购费是 1%～1.5%，不过大部分互联网基金销售平台都会打一折，即实际申购费为 0.1%～0.15%。为了满足短线投资者，现在大部分基金公司都把 ETF 联接基金分成两个部分，A 份额和 C 份额，这两个份额的资金合并运作，唯一的区别就是交易费用不同。大家可以根据自己的需要选择合适的产品。

第三节　基金的 A 和 C

很多投资者在购买基金的时候，发现基金的名称后面写着 A、C 等字母，这些不同的基金其实是同一只基金的不同份额，它们的投资策略、投资标的、标的权重都是完全一样的，但是对于投资者的收费方式是不一样的。

1. 不同的收费方式

对于股票型/混合型/债券型基金中的 A、B、C 含义如下。

（1）A 类通常为"前端收费份额"——申购时直接扣除申购费用。

前端收费模式是当前投资者最常用的基金收费模式，大家平常申购的场外基金普遍都是前端收费模式。

（2）B 类通常为"后端收费份额"——申购时不扣除申购费，赎回时扣除申购费。

后端收费模式与前端收费模式的唯一区别在于申购时不扣申购费，待赎回时再扣，申购费率也会随持有期限增加而降低，但需要投资者持有较长时间；后端收费份额的赎回费与前端收费份额一样，随着持有期限的增加而降低。但并非所有基金公司都对股票型产品设置 B 类份额。总体而言,目前选择后端收费模式的投资者比例较低。

(3)C 类通常为"销售服务费模式"——免申购、赎回费,按日提取销售服务费。

C 类基金免申购费,持有一定期限以上免赎回费,不过基金公司会按天收取销售服务费。

总结:对于权益类基金,A 类基金和 C 类基金的区别在于收费,A 类有申赎费,持有时间越长,赎回费用越小,甚至为 0;C 类没有申购费,但是有销售服务费和赎回费,赎回费用也随持有时间增长而减小,直到为 0。A 类份额往往需要一年以上赎回费才能减少到 0,C 类份额往往在 30 天以内就可以减少到 0,不同基金的具体时间有差异。我们在投资的时候注意这个收费差异的时间区间,避免承担较高的费率。

那么,两类份额基金应该怎么选择呢? 一句话:长期投资选择 A 类基金,短期投资选择 C 类基金。

2. 不同基金份额的选择和时间有关

假如基金的净值不变,投资者分别用 50 万元买华宝标普中国 A 股红利机会指数证券投资基金(LOF)的 A 类份额和 C 类份额,我们来计算相同的资金投资不同份额基金需要的费用。

由于 A 类和 C 类的管理费、托管费费率相同,相同的费用我们不予计算,只计算不同的部分。对于 A 类,由于现在基金销售平台一般会给申购费一折的折扣,我们以一折来计算申购费,即 0.1%。

用等式"申购费用 = 申购金额 - 净申购金额""净申购金额 = 申购金额 ÷(1 + 申购费率)"计算得出,购买 50 万元 A 类份额的申购费为 499.5元,取 500 元。而赎回费 = 赎回金额 × 赎回费率。

对于 C 类,由于基金销售费用 = 前一日基金资产净值 × 销售费率 ÷ 366(2020 年为闰年),这样算出来的是所有基金资产的基金销售费用,购买50 万元 C 类份额的销售费用为:净申购金额 ÷ 前一日基金资产净值 ×(前一日基金资产净值×销售费率÷366）＝净申购金额×销售费率÷366＝5.46元,也就是每天会收取5.46元的销售服务费。

现在按持有期限不同分别计算,为方便演示并考虑计算精度,以下计算中应该采取的净申购金额499 500元均由总申购金额50万元替代。

持有7天内赎回(按6天算)：

A类:500元申购费＋50万元×1.5%＝8 000元

C类:6×5.46元＋50万元×1.5%≈7 533元

持有7天赎回：

A类:500元申购费＋50万元×0.5%＝3 000元

C类:7×5.46元＋50万元×0.5%≈2 538元

正好持有30天赎回：

A类:500元申购费＋50万元×0.5%＝3 000元

C类:30×5.46元＝163.8元

很明显可以看到C类份额的费用优势非常大,我们继续计算。

正好持有180天赎回：

A类:500元申购费＋50万元×0.25%＝1 750元

C类:180×5.46元＝982.8元

正好持有365天赎回：

A类:500元申购费＋50万元×0.25%＝1 750元

C类:365×5.46元＝1 992.9元

我们会发现,C类基金的费用开始超越A类份额。

持有366天及以上呢?

A类:500元申购费

C类:366×5.46元＝1 998.36元

我们会发现,C类基金的费用远超A类份额。

在持有180~365天的时间段内,A类份额的费用不变:500元申购费＋50万元×0.25%＝1 750元。而C类份额没有赎回费,只有销售服务费,且基金销售费用随着持有期限的增加而增加,因为在持有 365 天时 C 类的销售服务费超过 1 750 元,所以在持有 365 天之内必有一个天数对应的基金销售费用与 A 类份额的费用相等,为 1 750 元。

我们来计算两者费用相等的持有天数。

持有天数 ×5.46 元 = 1 750 元,计算得到 320.51 天,即在持有 320 天的时候 A 类基金的费用略超 C 类份额,在持有 321 天的时候 C 类基金的费用略超 A 类份额。所以当我们计划持有天数小于等于 320 天的时候,就应该购买 C 类份额,否则就购买 A 类份额,时间越长,A 类份额的费用优势越大。

不同的基金产品有不同的时间期限和费率结构,我们在实际投资的时候可以根据计划的投资时间和计算结构购买预期费用最低的产品。

需要注意的是,在本案例计算中,A 类份额的申购费是按照一折计算的,如果不考虑费率优惠,那么我们计算两者费用相同的时间点如下:

持有天数 ×5.46 元 = 净申购金额 ×1%,计算持有天数为 915.75 天。

我们还可以使用更简单的算法:因为持有期满 1 年后,不论再持有多久,A 份额总费用都是 1%;那么 C 份额持有多久后总费率会增加到 1% 呢?很简单:用总费率 1%/年费率 0.4% 即可,答案在持有满 2.5 年时,C 份额总费率才达到 1%;再往后,C 份额费率将超过 A 类份额。

可见,尽管长期投资看,A 类份额的基金产品费用更低,但是需要很长的时间,如果投资者只是打算短期持有,或者做波段,那么 C 类份额更适合买进。

3. 基金净值和跟踪精度的说明

关于基金的两种份额类型,还有两个小问题需要解决。一个是,同样的基金为什么 C 类份额比 A 类份额的净值要低? 这是因为 C 类的销售服务费是每日计提的,直接从基金资产中扣除,会反映在每日的净值中。但是 A 类的费用是申购或赎回时一次性扣除的,并不会在基金净值中体现。这在账面上就反映为 C 类的净值往往会比 A 类低一点,但是不影响两者的投资价值比较。

由于《公开募集开放式证券投资基金流动性风险》要求对除货币市场基金与交易型开放式指数基金以外的开放式基金,对持续持有期少于 7 日的投资者收取费率不低于 1.5% 的赎回费,所以如果持有时间小于 7 天,可以选择场内购买流动性好的 ETF。

这款基金的全称是华宝标普中国 A 股红利机会指数证券投资基金(LOF)。我们回想一下场内基金和场外基金的区别,场内能购买的基金为 LOF 基金、ETF 基金,分级 A 和分级 B;而场外可以购买的基金全部为开放式基金。A 类份额是普通开放式基金,我们可以在证券交易软件上买卖,也可以在支付宝等网销平台购买,只是前者是存量基金份额在不同基金投资者之间的转移,后者是基金投资者对基金份额的申购和赎回,会引起基金总份额的变动。

当我们选择在场内交易 A 类份额的时候,是没有申购费、赎回费、销售服务费等的,且不收取印花税,仅需要支付给券商佣金。当前很多大型券商对于场内基金交易的佣金单边为 0.01%,一买一卖交易成本才 0.02%,非常低。而持有 C 类基金呢?如果场外的 C 类份额免赎回期的持有时间要求是 30 天,年销售服务费是 0.4%,那么如果持有该基金 31 天,一个月场外 C 份额的费用是 $=0.4\% \times 31 \div 366 \approx 0.034\%$,高于场内基金费用。场内基金的优势尽显,这也是我一直提倡新手尽量关注场内基金投资机会的原因之一。

第二个问题是,C 类份额基金的指数跟踪精度问题。首先要说明一点,同一只基金的 A 类份额和 C 类份额对应的资产本质上是统一运作投资的。意思就是不管 A 类份额还是 C 类份额,都是按照同样的比例买同样的股票,只不过把这份资产一部分的份额归为 A 类,一部分的份额归为 C 类。如果不考虑任何其他因素,比如费用以及申赎的情况下,产生的收益率应该是等同的。

在实际的投资中,有的投资者发现目标产品的 C 类份额很小,担心出现规模冲击导致跟踪误差较大,其实这种担心是没必要的。对于指数基金产品,其 A 类份额和 C 类份额是合并运作的,即 A 类份额和 C 类份额的钱都放在一起,两者区别仅仅是收费模式不同罢了。买指数基金是看 A 类份额和 C 类份额的总规模,而不是看单一份额的规模。

所以,关于基金两种份额的选择,我的建议是这样的:如果你是一个真正的新手,那么场内的 ETF 以及 LOF 都是不错的选择,交易成本较低且方便,成交即等于持有,不用等待场外申购赎回的时间;如果你很喜欢某基金 C 类份额,那么选择的时候尽量选择免赎回费,对持有天数要求较短的产品。

4. 货币基金和分级基金

关于基金的 A 类和 C 类,我再补充两点。

第一个,对于货币基金,一些货币基金会有后缀的 A 和 B,主要是参与起点不同而分了两类。两者其实是同一只基金,两类基金份额的管理费和托管费都是一样的,只是在最低申购份额上和销售服务费上有差异。A 类货币基金是小资金购买的货币基金,B 类是大资金所享受的权益份额。如果想购买 B 类,一般需要 500 万元的资金量。

另外,在收费上,A 类和 B 类也有区别:B 类货币基金的销售服务费一般可以忽略不计了(0.01%);而 A 类货币基金有一些销售服务费,费率在 0.3%~0.33%。对于收益本来很低的货币基金而言,少了这部分费用确实会提高一些收益。另外,现在很多家基金公司 B 类份额不需要特别去申购,如果你购买 A 类份额达到了 500 万元,就会自动归为 B 类份额。

还有一些特殊后缀字母,比如 E,则是代表了这类份额仅在某一渠道发售或是场内交易方式。遇到这些比较少见的基金,可以查看其《基金产品资料概要》,了解具体情况。

第二个,分级基金一般会有母基金、A 类和 B 类之分。我们平常买的,就是它的母基金,相当于同时买了分级 A 和分级 B。母基金的收益是由分级 A 和分级 B 构成的:分级 A 是约定好收益的份额,相对来说风险较小;分级 B 是进取型的份额,是用来博取更多收益的。分级基金讲起来比较复杂,大家可以这样理解:分级 B 把分级 A 的钱拿过去一起投资,按约定好的利息付给分级 A 收益,分级 A 承担很小的风险,只赚约定好的利息;而分级 B 承担较大风险,赚投资收益。

关于分级基金,我们了解一下就行,目前市场上的存量产品很少,而且在逐步退出,没有投入大量精力学习的价值了。

第四节　单位净值、累计净值和复权净值

净值是基金投资者经常会接触的一个概念,包括单位净值、累计净值和复权净值。

单位净值就是基金公司每天公布的基金净值,单位净值没有考虑分红的情况。假如基金单位净值刚开始是 1 元,分红 0.1 元后,单位净值就变成了 0.9 元,如果基金净值上涨 10%,那么单位净值就是 0.99 元(0.9 元 × 1.1)。由于单位净值没有考虑基金分红,虽然基金净值上涨了,但单位净值可能还不到 1 元。

累计净值是单位净值加上基金成立后累计单位派息金额,即累计净值考虑了基金分红。还是刚才那只基金,虽然分红了 0.1 元,但累计净值仍然是 1 元。如果基金净值上涨 10%,则累计净值是 1.09 元,即 0.9 元 × 1.1 = 0.99 元的净值,加上 0.1 元分红。

通过比较,我们知道,累计净值和单位净值的区别在于,累计净值把基金分红通过代数相加的方法考虑到了。但是在实际的基金分红中,往往并不是把红利分配给投资者,而是通过"红利再投"的方式继续留在基金中复利增长,由此引出了复权净值的概念。

复权净值考虑了红利再投,对基金的单位净值进行了复权计算。也就是将"单位净值 + 分红"再投资,进行了复利计算。还是上面同样的基金,如果基金分红 0.1 元后,基金净值上涨了 10%,那么基金的复权净值就是 1.1

元,即"单位净值 + 分红"的复利增长,1×1.1 元 $= (0.9$ 元 $+ 0.1$ 元$) \times 1.1 = 0.9$ 元 $\times 1.1 + 0.1$ 元 $\times 1.1 = 1.1$ 元。

复权净值可以根据基金每天公布的涨跌幅进行计算得出,而利用复权净值计算的收益率被称为"复权净值收益率",也是最为常用的描述基金收益率的指标。目前主流的基金数据软件,均会采用这种方法计算基金不同周期的回报率。

第五节　基金分红

我们先看几个简单的财务数据关系:

股息率 = 股息 ÷ 市值 = (股息 ÷ 利润) × (利润 ÷ 市值) = 分红率 × (1 ÷ 市盈率) = 分红率 ÷ 市盈率,即分红率 = 股息率 × 市盈率。通过这个关系,我们可以很容易从股息率和市盈率去推断指数基金的分红率。

净资产收益率 = 利润 ÷ 净资产 = (利润 ÷ 市值) × (市值 ÷ 净资产) = (1 ÷ 市盈率) × 市净率,即市净率 = 净资产收益率 × 市盈率。通过这个关系,我们可以从市盈率和市净率去推断指数基金的净资产收益率。

在实际投资中,我们对基金估值需要的核心指标就是市盈率、市净率和股息率。作为三大核心指标,股息率非常重要,在不同的基金估值系统中,我们也总是能看到基金股息率这个指标。把基金的分红研究透对于基金投资非常重要。

第一次关注到这个问题是因为一个有趣的基金:华宝中证银行 ETF,基金主代码 512800,按照我的分析,这只银行行业指数基金的成份股分红很大方,估值也不高,那么这只被动基金产品的股息率肯定也不错,我就计算了这只基金的股息率并发表在网上。但是很快就有粉丝指出来:这只基金从不分红,拿着不放心。

我当时还不相信,这怎么可能? 于是我去查这只基金的分红记录,试图用数据证明我的正确,结果却出乎意料:这只基金在分红送股方面的记录还真的是0。

为了研究这个问题,我选择了一只红利策略指数基金:红利基金 LOF,基金主代码 501029,作为研究基础来说明这个问题。本书采用的材料有该基金的 2020 年年度报告、基金产品资料概要、基金合同、招募说明书,后三份材料为 2021 年 03 月 31 日公告,在天天基金网—基金档案下载。

一、什么是基金分红

股票分红,是将公司经营获得的利润用现金股利、股票股利的形式向股东派发,增加持有者的收入。而基金分红,是将基金收益的一部分以现金或再投资的形式,返还给投资者,分红的钱其实就是基金净值的一部分。

按照有关规定,基金分红一般需要具备以下三个条件:

一是基金当年收益弥补以前年度亏损后方可进行分配;

二是基金收益分配后,单位净值不能低于面值;

三是基金投资当期出现净亏损则不能进行分配。

需要注意的是,基金分红必须是已实现的收益,账面盈利不能分红。只有卖出股票,获得资本利得后,才能作为基金收益的一部分参与分红。

华宝红利基金 LOF 的 2020 年年报中这样讲自己的收益分配政策:本基金同一类别的每一基金份额享有同等分配权。本基金收益以现金形式分配,其中场外基金份额持有人可选择现金红利或将现金红利按分红除权日的基金份额净值自动转为基金份额进行再投资,场内基金份额持有人只能选择现金分红。若期末未分配利润中的未实现部分为正数,包括基金经营活动产生的未实现损益以及基金份额交易产生的未实现平准金等,则期末可供分配利润的金额为期末未分配利润中的已实现部分;若期末未分配利润的未实现部分为负数,则期末可供分配利润的金额为期末未分配利润,即已实现部分相抵未实现部分后的余额 。经宣告的拟分配基金收益于分红除权日从所有者权益转出。

关于未分配利润已实现部分的理解,我举个简单的例子,假如我有 100 万元,50 万元买 A,50 万元买 B,年底 A 变成了 80 万元,我卖了,B 变成了 10 万元,我没卖。那么,我的当期利润是(＋30 万元）＋（－40 万元）＝ －10 万元,其中,已实现部分是30 万元,未实现部分是 －40 万元。

利润是不能分红的,只有当利润兑现为现金后才能分红。很多基金当期利润是正数,但是持有的股票没有卖,也就没法给基民分红了。

我们一般把基金可供分配利润理解为截至收益分配基准日基金未分配利润与未分配利润中已实现收益的孰低数。基金利润指基金利息收入、投资收益、公允价值变动收益和其他收入扣除相关费用后的余额,基金已实现收益指基金利润减去公允价值变动收益后的余额。基金利润和基金可供分配利润是两码事。

指数基金的股息率是根据指数基金所有成份股的股息率加权,计算指数基金目前的股息率,股票的股息率计算公式为:股息÷现价。但是基金的股息率不等于基民可以享受的股息率,这是两码事,必须搞明白。

二、基金分红的设置

在《华宝标普中国 A 股红利机会指数证券投资基金 LOF 招募说明书（更新）》中对基金收益分配方式做了说明:现金分红与红利再投资,基金份额持有人可自行选择收益分配方式。基金份额持有人事先未做出选择的,默认的分红方式为现金分红。如果选择红利再投资形式,则分红资金将按除息日（具体以届时的基金分红公告为准）基金份额净值转成相应的基金份额。场内份额收益分配方式只能为现金分红。

对于场外基金分红方式的设置,以支付宝为例,操作步骤：登录支付宝客户端,点击右下角【我的】–【总资产】–【基金】,再点击需要修改的基金名称（请注意不要点击财富号）,把页面往上滑点击【分红方式】,选择分红方式,按页面提示操作即可。

我们收到基金分红是不用交税的。"分红再投入"的好处是这部分申购不需要交"申购费"。我觉得牛市的时候还是拿分红比较好,因为基金的价格相比价值已经很贵了,但是熊市的时候分红再投入比较好,在低位可以吃到更多的筹码,而且省了申购费。

在实际的分红计算中,我们应该注意基金分红和股票分红完全不同。

指数基金分红有些类似债券的全价交易。债券交易的时候,采用"净价报价,全价交易"的方式,全价 = 净价 + 应计利息。

例如,一只债券利率是 5%,起息日为 1 月 1 日,持有天数为 2 个月,即 60 天,100 元面值的债券内含利息为 $100 元 \times 5\% \div 365 \times 60 = 0.82$ 元,若卖出净价为 100 元,卖出全价即为 100.82 元。

因为这张面值为 100 元的债券,你持有 1 年,可以收获 5 元的利息。如果只持有 60 天呢? 给你 5 元的利息并不公平,一分利息都不给也不公平,所以可以按持有天数计算,给你 0.82 元的利息。下家在买走这只债券的时候,不仅买走了报价(净债券的交易价格),还买走了你应得的利息,你得到的是两笔钱:面值 100 元债券的价格 + 你的利息。

我们看到的指数基金净值,实际上可以看成是两部分组成的:"股票市值 + 待分红现金"。买的人和卖的人看到的基金价格是一样的,都是"股票市值 + 待分红现金"。

基金持有的股票的价格会涨跌,但是待分红现金是过去积累起来的:假如过去一直持有,可以收获全部的待分红现金;如果只持有很短的时间,则实际享受的待分红现金很少。如果想获得指数基金分红收益,也是需要长期持有。如果只持有几天,那实际上积累的分红收益很少。这就是基金分红计算的方法。

由此可知,持有基金想吃利息是真的不容易,基金能分红已属不易,然后基金公司愿意分红又是其次,最后能分到多少实在很难计算出来。

三、分红多的基金是好基金吗

分红多的基金就好吗? 不一定。如果基金持有的股票还在不断上涨就大量抛出，那就浪费了大好的行情，所以说，基金的好坏和其能不能实现现金分红、分多少并没有直接的关系。

那么，巴菲特是怎么看待分红的呢？巴菲特是投资股票的，关于分红有过精彩的论述。巴菲特在《2012年巴菲特致股东的信》中说：

"一家盈利的企业，可以有许多方法配置它的盈利。企业的经理层应该首先检查企业主业继续投资的可能性——提高效率的项目，区域扩张，扩张或改进生产线，或者其他加深与竞争对手之间护城河的投资。

我们的下一步，则是寻找与现有业务无关的收购机会。我们的标准也很简单：查理和我是否认为我们可以通过交易让股东在每股资产上变得更加富有？

资金的第三种利用方式——回购——在企业股票以明显低于保守估计的内在价值的折扣出售时具有意义。实际上，有纪律的股票回购是合理利用资金的最安全方法：以80美分或者更低的价格购买1美元很难出错。

最后，我们来到分红。这里我们需要一些假设并且要做些计算。这些数字需要一些功夫才能理解，但是这对于理解应该和不应该分红的原因很重要，所以请耐心听我讲。

我们假设你和我各自拥有一家价值200万美元的企业的一半。企业每年的利润率是12%——24万美元——并且可以合理预期新增投资也能获得12%的回报率。另外，外部投资者愿意以净资产125%的价格收购我们的企业。于是，我们各自资产的价格是125万美元。你可能希望企业每年把利润的1/3用来分配，剩余2/3继续投资。你觉得这个方案既满足了当前收入的要求，又能实现资本增值。所以，你建议我们分配8万美元现金，剩余16万用于增加企业未来的利润。第一年，你会收到4万美元的分红，之后利润会增长，1/3的分红比例继续持续，你收到的分红也会增长。于是，分红和股票价值会以每年8%的速度增长（12%的回报率减去4%的分红比例）。10年以后，我们的企业会价值4 317 850美元（期初的200万美元按8%的复合增长率计算），同时你下一年收到的分红也会增长到86 357

美元。我们两人各自的股票价值 2 698 656 美元（我们各自一半净资产的 125%）。我们之后还会更快乐——分红和股票价格依然每年增长 8%。

但还有另外一种方式可以让我们更加快乐。那就是我们留存所有的利润，同时每年卖出手中 3.2% 的股票。因为股票可以以净资产 125% 的价格卖出，所以这种方法第一年也能获得 4 万美元的现金，卖出获得的资金也会不断增长。我们暂且把这种方法叫"卖出法"。在"卖出法"的情形下，10 年以后企业的净资产值会增长到 6 211 686 美元（期初的 200 万美元按 12% 的复合增长率计算）。但是，因为我们每年卖出股票，持股比例会下降，10 年以后，我们每人拥有企业 36.12% 的股票。即便如此，你所持的股票对应的净资产为 2 243 540 美元。另外，别忘了，每一美元的净资产值可以以 1.25 美元卖出。因此，剩余的股票市值 2 804 425 美元，大约比分红的情形下高 4%。同时，你每年卖出股票获得的现金要比分红获得的现金情形下高 4%。哇！你不但每年有更多的钱花，最后还有更多的财产。

除了计算上的优势以外，还有两个原因——也非常重要——支持卖出策略。第一，分红策略强制对所有股东进行同样比例的分红。相反，卖出策略则让股东可以自由决定现金和资本增值的比例。一位股东可以选择兑现 60% 的利润，另一位可以选择兑现 20% 或者不兑现。当然，分红策略下的股东可以用分红把股票买回来，但是他这样做会遇到困难：既要交税，又要支付 25% 的溢价才能把股票买回来（记住：公开市场以账面价值的 125% 交易股票）。分红策略的第二个坏处同样严重：分红策略的税收负担劣于——通常严重劣于卖出策略。分红策略下，每年股东收到所有的现金分红都要交税，而卖出策略只需为现金收入中的利得部分交税。

股票和基金本身并没有绝对的区别，都是一种可以投资的金融品种，我们可以把基金当成特殊的股票，那么巴菲特关于股票分红的理念就可以完全适用于基金分红。巴菲特的论述再次从侧面说明了"基金的好坏和其能不能实现现金分红、分多少并没有直接的关系"。

尽管如此，但是当基金估值较低的时候，我们还是希望基金可以分红。

还是以股票为例,我们建立如下的数学模型:

如果 $P = a \div b, PP = (a - c) \div (b - c)$,

当 $a > b > c > 0$,请问 P 和 PP 谁大?

当 $b > a > c > 0$,请问 P 和 PP 谁大?

这是个很简单的数学问题,我们很容易得出结论:如果 $a > b > c > 0$,那么 $PP > P$;如果 $b > a > c > 0$,那么 $P > PP$。

我们把 P 理解为市净率,a 为股票价格,b 为净资产,c 为每股分红,那么对于市净率小于 1 的股票,越分红,市净率越低;市净率大于 1 的股票,越分红,市净率越高。

这就是所谓的股息对低估值股票的保护作用,当一只股票市净率低于 1 的时候,越分红其单位股东权益越便宜,当投资者把分红用于再买进的时候,对于投资的复利增益越大。

现在同样把股票换为基金,数学模型和结论同样适用。我们可以认为,当指数基金的市净率小于 1,投资者把分红用于再买进的时候,对于投资的复利增益越大。

明白了这个道理,我们投资指数基金的时候就完全不用担心指数基金因为下跌而影响我们的投资收益,只要跌破一定的阈值,再跌,只会增加我们的投资收益,我们只需要关注基金的盈利持续性就可以了。

第六节　投资指数基金的费用

在指数基金的投资中,基金产品的规则是透明的,那么投资过程中的费用率就成了基金投资者关心的核心问题了,同样收益率的基金产品因为费用率的差异性造成不同的投资回报率,在复利的作用下随着时间不断扩大,最后产生惊人的收益差。

那么,投资指数基金的费用都有哪些呢?

一、申购费和赎回费

先说申购费,和它相关的一个概念是认购费。基金认购和申购有什么区别呢?我们先看定义。基金认购是指投资者在开放式基金募集期间、基金尚未成立时购买基金份额的过程。通常认购价为基金份额面值(1元/份)加上一定的销售费用。投资者认购基金应在基金销售点填写认购申请书,交付认购款项。基金申购是指投资者到基金管理公司或选定的基金代销机构开设基金账户,按照规定的程序申请购买基金份额的行为。申购的基金份额数量是以申购日的基金份额资产净值为基础计算的,具体计算方法须符合监管部门有关规定的要求,并在基金销售文件中载明。

总结一下,两者的区别如下。

(1)购买时间

基金认购的购买时间通常是开放式基金成立前,在资金募集期间;而基金申购的购买时间则和基金认购相反,在开放式基金成立后,资金运作期间。

(2)购买价格不同

基金申购和基金认购的购买价格是不一样的。基金认购的购买价格为基金单位价格,一般是每单位1元;和基金认购的购买价格不同,基金申购的购买价格为当日基金单位净值,可能高于1元也可能低于1元。

(3)赎回条件不同

在赎回条件上,基金申购和基金认购也有很大区别。一般情况下,认购的基金需要经过封闭期才能赎回,基金经理会利用这个封闭期来建仓,不允许投资者买卖;而申购的基金在第二个工作日就可以赎回。

(4)费率可能不同

需要注意的是,基金认购和基金申购通常会有不同档次的费率。即使在相同的购买金额情况下,认购费率和申购费率也可能有一定差异,具体情况需查询各基金费率。为了促进基金的销售,一般情况下基金的认购费率比申购费率要低。

(5)是否可以撤销

投资者在份额发售期内已经正式受理的认购申请是不可以撤销的;而如果投资者在当日基金业务办理时间内提交的申购申请,可在当日 15:00 前提交撤销申请,可予以撤销。

在赎回费用上,场外赎回按份额在场外的持有时间分段设置赎回费率,场内赎回为固定赎回费率,赎回费在扣除手续费后,余额不得低于赎回费总额的 25% ,并应当归入基金资产。

二、三项费用

基金管理费、基金托管费和基金销售服务费简称投资指数基金的三项费用,这是最主要的费用。基金管理费指的是基金管理人管理基金资产而向基金收取的费用。基金托管费指的是基金托管人为基金提供托管服务而向基金收取的费用。基金销售服务费指的是从基金资产中扣除的用于支付销售机构佣金以及基金管理人的基金销售广告费、促销活动费、持有人服务费等方面的费用。很多基金投资者参加基金公司组织的活动,看到活动气派就很高兴,殊不知这些费用都是由投资者承担的。

我国三项费用均是按前一日基金资产净值的一定比例逐日提取,按月支付,计算方法为:$H = E \times R \div$ 当年实际天数,其中 H 表示每日计提的费用;E 表示前一日的基金资产净值;R 表示年费率。

在华泰柏瑞沪深 300ETF(代码 510300)更新的招募说明书 2021 年第 1 号(集合申购业务修订)中关于基金管理费的表述是:本基金的管理费按前一日基金资产净值的 0.50% 年费率计提。管理费的计算方法:

$$H = E \times 0.50\% \div 当年天数$$

H 为每日应计提的基金管理费,E 为前一日的基金资产净值。

基金管理费每日计算,逐日累计至每月月末,按月支付,由基金管理人向基金托管人发送基金管理费划款指令,基金托管人复核后于次月前 2 个工作日内从基金财产中一次性支付给基金管理人。若遇法定节假日、公休假等,支付日期顺延。

如果仔细阅读这份招募说明书,我们会发现其中没有销售服务费,这是怎么回事呢?

对于 C 类份额基金,因为无申购费和超过一定时间后免赎回费(通常为 7 天或 30 天,具体看产品费率结构),需要用销售服务费给销售渠道带来一定的补偿,销售服务费通常为 C 类份额的指数基金所特有的收费类目。

华泰柏瑞沪深 300ETF(基金代码 510300),我们仔细阅读这份招募说明书就会发现,它是没有销售服务费的,因为它并不是"销售服务费模式"。

关于投资指数基金的三项费用,我们可以在天天基金官网(网址: http://fundf10. eastmoney. com/jjfl_510300. html)的基金数据、销售信息、运作费用中查询。

三、基金交易费

基金交易费指的是指数基金在进行证券买卖时发生的相关费用。

基金交易费主要有印花税、交易佣金、过户费、经手费和证管费。

四、基金运作费

基金运作费是指为保证基金正常运作而发生的应由基金承担的费用。

基金运作费主要有审计费、律师费、上市年费、分红手续费、持有人大会费、开户费和银行汇划手续费等。

投资指数基金的费用讲完后,我想谈一下我是怎么在跟踪同一个指数的不同指数基金中做选择的。

规模、费用和追踪误差是我们挑选同一指数下不同指数基金产品的三个标尺。

1. 规模

指数基金的规模太小,基金公司的收费就覆盖不了成本,那么就有清盘的风险,或者公司经营上面也不会投入太多的资源,导致基金对相应指数的追随性较差。

指数基金是有规模优势的产品,基金不管规模大小,其律师费、营销费等都是避免不了,如果这些固定费用在基金净值中的占比较高,那么将影响收益。而且因为规模不足,指数基金更有可能收取较高的费率。

指数基金规模小,还有可能形成流动性危机,如果持有者大比例赎回,可能赎回的到账时间就会晚一点,而且对基金运营造成的冲击比较大。

所以,我建议大家购买指数基金时,一定要把规模放在首要的位置。

2. 费率

在基金公司的官网,基金产品的招募书和定期报告、销售平台的费率表等都可以找到基金的费率情况,我们确定好投资品种后,在符合要求的几只基金产品中进行费率比较即可。

3. 追踪误差

指数基金和指数的误差越小,我们认为指数基金的管理越好,我们投资指数基金的收益也就越容易达到预期目的。

第七节　基金的信息披露

在股票投资中,每个人都知道财务报表的重要性,这是我们了解企业经营状况权威、正式的渠道。那么在基金的投资中,我们怎么获取信息呢?

一、指数的基本资料查询

我们先看指数基金追踪的指数基本资料查询。以沪深 300 指数为例,我们可以打开中证指数有限公司官网,使用网页自带的检索功能找到沪深 300 指数的页面。

我们看到页面主要的板块有指数简介、资料下载、相关产品、相关公告、指数表现、行业权重分布和十大权重股。

最重要的部分是资料下载，主要包括编制方案、指数单张、成分权重、成分列表、指数行情、收益率和指数估值。

成分列表和成分权重好理解，主要是讲了沪深 300 指数的具体成份股和每只成份股的权重。

收益率中简单介绍了不同时间段中该指数的收益情况。

指数估值主要有市盈率和股息率两个指标，关于指数估值我会在后面详细讲，这里先不展开。

指数行情主要是最近 24 个交易日该指数的开盘点位、最高点位、最低点位、收盘点位、涨跌点数、涨跌幅以及该指数成份股的成交量和成交金额。

指数单张就像一个人的身份证，通过指数单张可以让我们快速认识一个指数。在沪深 300 指数的指数单张中包含了基本介绍、指数走势、不同时间段的收益率、不同时间段的波动率、基本面、市值等数据。在指数单张中还有该指数在不同交易所和不同行业中的权重分布、十大权重股、衍生指数等重要信息。

最重要的部分是指数的编制方案，在我 2021 年 4 月 7 日下载的指数编制方案中，内容共计 17 页，包含了引言、样本空间、选样方法、指数计算、指数修正、指数定期调样、指数临时抽样、指数备选名单、指数日常维护、指数规则修订、信息披露和指数发布共计 12 个部分。

如果说指数单张是指数的身份证，那么编制方案就是指数的基因图谱。作为被动型金融产品，编制方案详细介绍了该指数运作遵循的基本规则，这是我们认识指数的权威信息，值得认真、反复研究。

沪深 300 指数编制方案中包括引言、样本空间、选样方法、指数计算、指数修正、指数定期调样、指数临时调样、指数备选名单、指数日常维护、指数规则修订、信息披露和指数发布共计 12 部分内容。

引言是对指数的简单介绍，在这份指数编制方案的引言中这样讲沪深

300 指数：沪深 300 指数由沪深市场中规模大、流动性好的最具代表性的 300 只证券组成，于 2005 年 4 月 8 日正式发布，以反映沪深市场上市公司证券的整体表现。

样本空间是指该指数选择成份股的范围，该指数编制方案这样讲：指数样本空间由同时满足以下条件的非 ST、* ST 沪深 A 股和红筹企业发行的存托凭证组成。

（1）科创板证券：上市时间超过 1 年。

（2）创业板证券：上市时间超过 3 年。

（3）其他证券：上市时间超过 1 个季度，除非该证券自上市以来日均总市值排在前 30 位。

选样方法是指在指定的样本空间中，按照什么样的标准选择指数的成份股。沪深 300 指数样本是按照以下方法选择经营状况良好、无违法违规事件、财务报告无重大问题、证券价格无明显异常波动或市场操纵的公司。

（1）对样本空间内证券按照过去一年的日均成交金额由高到低排名，剔除排名后 50% 的证券。

（2）对样本空间内剩余证券，按照过去一年的日均总市值由高到低排名，选取前 300 名的证券作为指数样本。

指数计算指的是指数的单位以及计算精度。沪深 300 指数以"点"为单位，精确到小数点后 3 位。

基日与基点，在发布某指数时会向前追溯某一日期为基日，当日点数为基点。在发布某指数时会向前追溯某一日期为基日，当日点数为基点。

指数计算公式指的是报告期指数的计算方法，对应的还有指数的实时计算方法。

在编制方案中还给出了沪深 300 全收益指数和净收益指数的计算方法。

指数修正指的是为保证指数的连续性，当样本名单发生变化或样本的股本结构发生变化或样本的市值出现非交易因素的变动时，沪深 300 指数根据样本股本维护规则，采用"除数修正法"修正原除数。在编制方案中还给出了指数修正的具体方法。

指数定期调样、指数临时调样分别代表了指数成份股发生变化的时机和调整规则。

指数备选名单指的是为提高指数样本临时调整的可预期性和透明性，沪深300指数设置备选名单，用于样本定期调整之间发生的临时调整。

指数日常维护指的是为确保指数能够及时反映相关证券的交易状况，中证指数有限公司按照特定规则对沪深300指数样本进行维护。

指数的规则并不是一成不变的，在指数编制方案中有指数规则修订，中证指数有限公司通过审视市场环境、听取指数专家委员会建议、接受市场反馈、外部投诉等途径，发现指数规则出现可能需要修订的情形时，需根据《中证指数有限公司指数规则修订实施办法》执行。

信息披露主要是指指数的信息披露制度，确保指数的透明、公开和公平。

指数发布指的是指数代码、发布渠道和发布频率。

二、指数基金的基本资料查询

我们以华泰柏瑞沪深300ETF，基金代码510300为案例说明如何查询指数基金的基本资料。

1. 寻找指数基金的财务报表

对于具体的指数基金，最重要的材料有四个，招募说明书、基金合同和基金产品资料概要三份发行运作的资料，这三份资料我们看最新的就行，还有基金最新的定期报告，主要有第一季度报告、中期报告、第三季度报告、第四季度报告和年度报告。

基金产品资料概要中主要有产品概况、基金投资目标与净值表现、投资本基金涉及的费用、风险揭示与重要提示和其他资料查询方式五部分内容。

《基金合同》是规定基金合同当事人之间权利义务的基本法律文件，明确基金合同当事人的权利与义务，规范基金的运作，保护基金投资者合法权益。

招募说明书根据《基金合同》编写,并经中国证监会核准的法律性文件,编制的目的是让广大投资者了解基金的详情,以供投资者做出是否投资该基金的决策。招募说明书的内容非常多,关于基金运作的大多数内容都可以在这里找到。

当然,作为投资者,我们最关心的还是基金的财务报告,这里就以华泰柏瑞沪深300ETF的2020年年报为例,聊聊基金年报的阅读重点,其他的定期报告类似。

首先是寻找基金的财务报表,在基金公司官网、证监会指定信息披露媒体,或是通过"中国证监会官网"(http://www.csrc.gov.cn/)–"基金信息披露"都可以查看基金年报。在雪球网、天天基金网等第三方平台也能下载基金的年报。

对于指数基金的年报,其结构一般可以分为十三部分:

1. 重要提示及目录;

2. 基金简介;

3. 主要财务指标、基金净值表现及利润分配情况;

4. 管理人报告;

5. 托管人报告;

6. 审计报告;

7. 年度财务报表;

8. 投资组合报告;

9. 基金份额持有人信息;

10. 开放式基金份额变动(如果是封闭式基金,则没有);

11. 重大事件揭示;

12. 影响投资者决策的其他重要信息;

13. 备查文件目录。

华泰柏瑞沪深300ETF的2020年年报共计145页,但并不是每个部分都需要投资者认真阅读的,有些专业性太强,但是对投资不重要,有些是没有太大意义的套话,只需要快速浏览即可。需要投资者认真阅读的部分有3、4、8、9、10 五个部分。

下面,我们按照全程浏览,重点介绍的方式一起看这份年报。

2. 手把手教你读基金财报

基金简介由基金的基本情况、基金产品说明、基金的管理人和基金托管人、信息披露方式、其他相关材料等方面组成,基金基本情况和基金产品说明可以重点看一下,我们可以掌握基金的运作方式、投资目标、投资策略、业绩比较基准、收益风险特征等重要信息。

在主要财务指标、基金净值表现及利润分配情况中,我们可以看到基金年度经营的主要财务数据。

2020 年基金主要会计数据和财务指标

金额单位:人民币(元)

3.1.1 期间数据和指标	2020 年	2019 年	2018 年
本期已实现收益	8 865 982 822.14	3 181 407 806.78	−281 683 346.65
本期利润	10 510 569 368.53	11 521 793 277.91	−6 791 291 528.60
加权平均基金份额本期利润	1.148 6	1.252 9	−0.957 6
本期加权平均净值利润率	26.36%	33.30%	−26.89%
本期基金份额净值增长率	29.09%	38.02%	−23.91%
3.1.2 期末数据和指标	**2020 年年末**	**2019 年年末**	**2018 年年末**
期末可供分配利润	22 409 392 982.13	13 766 139 829.22	4 057 985 762.08
期末可供分配基金份额利润	2.588 4	1.397 6	0.374 1
期末基金资产净值	45 748 405 887.28	40 319 878 813.84	33 299 963 612.95
期末基金份额净值	5.284 2	4.093 4	3.069 9
3.1.3 累计期末指标	**2020 年年末**	**2019 年年末**	**2018 年年末**
基金份额累计净值增长率	121.71%	71.25%	24.44%

注:1. 本期已实现收益指基金本期利息收入、投资收益、其他收入(不含公允价值变动收益)扣除相关费用后的余额,这是利润中"落袋为安"的部分,是实实在在的现金;

2. 本期利润为本期已实现收益加上本期公允价值变动收益。公允价值变动收益是账面收益,所以本期利润也是账面收益;

3. 期末可供分配基金份额利润,这是基金每份份额分红的上限。

在基金净值表现中,我们重点关注自基金合同生效以来基金份额累计净值增长率变动及其与同期业绩比较基准收益率变动的比较。

2020 年基金份额净值增长与同期业绩比较基准收益率的比较

阶　　段	份额净值增长率①	份额净值增长率标准差②	业绩比较基准收益率③	业绩比较基准收益率标准差④	① - ③	② - ④
过去 3 个月	13.61%	0.99%	13.60%	0.99%	0.01%	0.00%
过去 6 个月	26.21%	1.34%	25.15%	1.35%	1.06%	- 0.01%
过去 1 年	29.09%	1.43%	27.21%	1.43%	1.88%	0.00%
过去 3 年	35.56%	1.34%	29.29%	1.34%	6.27%	0.00%
过去 5 年	50.86%	1.24%	39.68%	1.25%	11.18%	- 0.01%
自基金合同生效起至今	121.71%	1.44%	93.62%	1.45%	28.09%	- 0.01%

在这部分,可以看到这只基金过去 3 个月、6 个月、1 年、3 年、5 年以及成立至今的收益率情况。份额净值增长率标准差反映了基金净值的波动情况,标准差越低,代表基金的表现越稳定、波动越小。业绩比较基准收益率标准差则是基金收益率和它的业绩比较基准的对比,这个值越大,表明基金表现大幅超越市场,从一个方面说明了基金业绩优秀。

在过去 3 年基金的利润分配情况中,可以清楚看到基金近 3 年的分红历史。

需要提醒的是,基金的分红只影响基民收到的现金数量,并不影响基金的投资价值。如果基金赚了钱,但是没有分红,利润会自动结转在基金的净值上面,相当于基金直接把利润拿去再投资了。基金净值的增长会形成基金价格的增长,如果基民想用钱,可以通过卖出相应基金份额来收回现金。

管理人报告部分内容很多,但是对于指数基金,我认为其主要表现并不主要依赖于人的主动管理,可以快速浏览。

管理人对报告期内基金的投资策略、业绩表现的说明和股票年报中的经营情况讨论与分析比较像,有一定的阅读价值,可以重点看一下。

但是,如果是主动型基金,这两部分内容极其重要,必须认真看,因为主动型基金其实就是投人,在基金的定期报告中,基金经理会详细表述自己的投资理念、投资策略和对市场的看法。

比如,在易方达蓝筹精选混合型证券投资基金2021年第一季度报告中,报告期内基金投资策略和运作分析部分就有非常精彩的描述:

本基金在一季度股票仓位基本保持稳定,并对结构进行了调整。行业方面,降低了食品饮料等行业的配置,增加了银行等行业的配置。个股方面,我们依然长期持有商业模式出色、行业格局清晰、竞争力强的优质公司。

我们着眼于企业内在价值和长期表现优中选优,力求组合中企业内在价值的总和长期看近似于一条逐步增长的曲线。那样的话,相当于企业的价值每天都以很小的幅度提升。但实际上,股价的波动幅度远超于此。原因在于:第一,不同投资者会对企业价值积累的速度甚至方向产生分歧,比如企业遇到经营困难时,有投资者认为是短期困难能够克服,而有投资者认为是长期衰落的开始;第二,不同投资者的机会成本不同,因此对未来收益率的要求不同,当预期20%收益率的投资者认为股价太高收益率不够时,预期10%收益率的投资者或许认为股价仍然是有吸引力的;第三,情绪会放大影响。而市场的魅力在于,一旦价格远离了企业的内在价值,迟早会激发出负反馈机制,产生对冲的买卖力量,把价格重新拉回企业的内在价值线,甚至经常会阶段性拉过头,股价就在周而复始中波动运行。

判断周期性的顶部和底部几乎是不可能的,而相对可行的是,不断审视我们组合中的公司长期创造自由现金流的能力有没有受损,如果没有,只要内在价值能够稳步提升,股价运行中枢提升就是迟早的事情。如果不了解这条内在价值提升曲线的形状和斜率,就很容易用股价曲线来替代内在价值曲线作为指示指标。而股价的波动是剧烈的,有时一天都能达到20%,如果心中没有企业内在价值的"锚",投资就很容易陷入追涨杀跌中。

长期来看,我们认为股票市场类似幅度的波动在未来仍会不断出现,而且事先难以预测。但只要企业的内在价值提升,这样的波动就终归是波动,不会造成本金的永久性损失。而作为管理人,我们唯有通过每天不断的研究和积累,不断提高判断企业长期创造自由现金流能力的准确率。

我们发现基金经理张坤的核心理念就是:优质公司,基于价值,无视波动,长期持有。

对于市场关注的估值问题,一句话带过:一旦价格远离了企业的内在价值,迟早会激发出负反馈机制,产生对冲的买卖力量,把价格重新拉回企业的内在价值线,甚至经常会阶段性拉过头,股价就在周而复始中波动运行。

通过这样的信息获取,就可能得出一个初步的结论:长期持有张坤主理的易方达蓝筹精选混合,收益会很不错,但是该基金的震荡幅度也可能较大。

如果我们能够对一个主动型基金的定期报告长期跟踪、总结,那么我们会更熟悉基金经理的操作手法,这样我们持有的时候才会"心中有数"。

可以说,阅读基金的定期报告是投资基金非常重要的工作。

继续回到华泰柏瑞沪深 300ETF 的 2020 年年报阅读当中。接下来的托管人报告和审计报告可以直接跳过去。

年度财务报表非常有意思,我觉得可以重点看,基金的财务报表和企业的财务报表相比较显得非常简单,看不懂的地方可以点击附注,或者利用 PDF 自带的检索功能去寻找财务细节。

比如,我想知道利润表中收入下面的存款利息收入,那么可以利用检索功能查询,具体如下图所示。

本报告期: 2020 年 1 月 1 日至 2020 年 12 月 31 日

单位: 人民币

项 目	附注号	本期 2020 年 1 月 1 日至 2020年 12 月 31 日	上年度可比期间 2019 年 1 月 1 日至 2019 年 12 月 31 日
一、收入		10,822,282,984.93	11,772,112,111.34
1.利息收入		39,182,556.03	1,326,089.85
其中: 存款利息收入	7.4.7.11	15,352,272.04	1,324,222.38
债券利息收入		14,462.13	1,867.47
资产支持证券利息收入		—	—
买入返售金融资产利息收入		—	—
证券出借利息收入		23,815,821.86	

2020 年基金利润表

通过点击左上角的放大镜使用 PDF 的检索功能，这里我输入"存款利息收入"六个字，就出现了检索结果，共五处。通过点击"上一处"和"下一处"，可以找到自己想要的结果。

报表附注及财务报表说明部分都是为了帮助投资者理解财务报表存在的，大家可以充分利用这些去"看懂"基金的年报。

基金财务报表和股票财务报表的阅读重点不同，对于企业来说，我们应该关注企业的资产配置和财务健康，所以资产负债表最重要，现金流量表也很重要，利润表不过是一个资产运作的结果。

但是，对于指数基金来说，资产的配置是透明的，也不需要基金公司去主动经营，现金流量表也没有太大的意义，利润表反而能给我们提供很多重要的信息，比如投资收益的来源、基金运作的具体费用等。

接下来就是重要的投资组合报告，在这部分我们可以看到以下重要信息：基金资产组合中股票、债券、银行存款等各类资产的比例情况，期末资产组合中不同行业资产的比例情况，期末指数投资按公允价值占基金资产净值比例大小排序的所有股票投资明细，报告期内股票投资组合的重大变动。比如华宝标普中国 A 股红利机会指数（LOF），在它的 2020 年年度报告中还有报告期末积极投资按行业分类的境内股票投资组合、期末积极投资按公允价值占基金资产净值比例大小排序的所有股票投资明细和期末积极投资前五名股票中存在流通受限情况的说明三部分内容，这是基金经理通过主动操作实现基金收益和追踪的指数收益尽可能拟合的目的。注意，这里并不是为了获取相对追踪指数的超额收益。

在这一部分，你可以看到这只基金或债券仓位是多少、重仓了哪些行业和个股、持股集中度、换手是否频繁。基金年报里还会披露在这一年中，累计买入金额超出期初基金资产净值 2% 或前 20 名的股票明细、累计卖出金额超出期初基金资产净值 2% 或前 20 名的股票明细。

我个人认为，这部分是不需要关注的，对于指数基金，其收益主要是因为指数的规则（规则的背后是收益因子）决定的，但是对于主动基金，这部分内容就极为重要,我们可以看出基金的真实投资风格、调仓频率、风格的一致性等。

再往下就是基金份额持有人信息,这部分我们可以看到这只基金的持有人户数、户均持有份额、机构投资者占比、个人投资者占比、基金公司的从业人员买了多少等信息。

开放式基金份额变动这部分,一般而言,业绩越好的基金,净申购越多,如果出现了较大比例的赎回,一定要警惕。

重大事件揭示一般不会有什么情况,大家可以快速浏览一下,当然,如果有,那么一定是"重大事件"了,必须搞清楚。

最后,就是影响投资者决策的其他重要信息和备查文件目录这两部分,一般也没有重要的信息。

比如,在华泰柏瑞沪深300ETF的这份2020年年报中就有一项基金份额持有人大会决议,核心内容是"根据基金份额持有人大会表决通过的议案及方案说明,本基金增加转融通证券出借业务、调整赎回费率并相应修改基金合同"。

在年报中,有关于巨额赎回流动性风险的描述非常好,内容为:

本基金报告期内有单一机构持有基金份额超过20%的情形。如果这些份额持有比例较大的投资者赎回,可能导致巨额赎回,从而引发流动性风险,可能对基金产生如下影响。

(1)延期办理赎回申请或暂停赎回的风险。当发生巨额赎回时,投资者可能面临赎回申请延期办理、延缓支付或暂停赎回的风险。

(2)基金净值大幅波动的风险。基金管理人为了应对大额赎回可能短时间内进行资产变现,这将对基金资产净值产生不利影响,同时可能发生大额赎回费用归入基金资产、基金份额净值保留位数四舍五入等问题,这些都可能会造成基金资产净值的较大波动。

(3)基金投资目标偏离的风险。单一投资者大额赎回后可能导致基金规模缩小,基金将面临投资银行间债券、交易所债券时交易困难的情形,从而使得实现基金投资目标存在一定的不确定性。

（4）基金合同提前终止的风险。如果投资者大额赎回可能导致基金资产规模过小，不能满足存续的条件，基金将根据基金合同的约定面临合同终止清算、转型等风险。本基金管理人将密切关注申赎动向，审慎评估大额申赎对基金持有集中度的影响，同时将完善流动性风险管控机制，最大限度的保护基金份额持有人的合法权益。

这里就提醒我们，投资指数基金的时候一定要注意基金产品的流动性问题，选择规模和交易量适中的产品。

最后的备查文件目录，讲了备查文件目录明细、存放地点和查阅方式。

相比较股票的财务报表，基金的定期报告简单了很多，只要我们多拿几份定期报告详细阅读，找找规律，很快就能掌握。这对于我们深度认识自己投资的基金品种非常有帮助。

第四章

指数基金的估值

———————————◦———————————

到目前为止，我们已经学习了指数基金的理论知识和投资实践中常见的问题，为指数基金的投资打下了坚实的基础。现在我们一起讨论如何为指数基金估值，也就是寻找一个具体指数基金交易的"锚点"。

对于价值投资，价值是交易的核心，我们总是在价格低于价值的点买进，在价格高于价值的点卖出。有了价值，我们才不会被市场波动所迷惑，才能利用市场先生的癫狂实现指数基金的买进和卖出，在获取资产内生性增值的同时获取超额收益。

金融资产都有着产生现金流的特点。自由现金流折现法是一种通用的估值方法，它是以现在为标准的时间点，估算资产在未来不同时间点产生自由现金流大小，按照一定的折现率折回到现在的时间点，从而计算出资产价值的方法。这种估值方法广为流传，我个人认为它对于指数基金的估值，如同对股权资产的估值一样有用。遗憾的是，在中国的基金投资领域，很少有人采用这种估值方法指导投资。这里分享一些我对于指数基金采用自由现金流折现法估值的思考，以供交流。

第一节　估值是基金投资的基础

什么是投资呢？我觉得是投资者放弃当前一部分属于自己的财富消费权,通过购买相应的资本性产品以获取在未来具有更大财富消费权的资产增值活动。

可见,投资的本质是实现财富的增值。为了实现合理投资、评估投资成效,投资者必须实现对资本性产品价值的计算。但是价值是一种看不见、摸不着的东西,没有一把物理的尺子给出清晰准确的测量与计算,所以投资者应当根据自己对投资性产品的理解进行价值的估算,这就是估值。

估值是投资的基础,基金投资是投资的一种,所以估值也是基金投资的基础。

一般的指数基金,依赖于基金经理的水平,基金经理的发挥或者变动会对基金造成重大影响。而指数基金的业绩跟基金经理的关系不大,主要取决于对应指数的表现。

指数基金有什么特点呢？首先,指数基金不会破产,通过对成份股的"新陈代谢",始终保持强大的生命力。其次,设计逻辑良好的指数具有强大的生命力,指数基金也得以长期增长。最后,指数基金的投资成本很低,在长期的投资中较摩擦成本高的其他投资品种有着显著优势。

基金作为一种金融产品,以投资为目的进行配置的时候,它的价值仍然是由其生命存续期间能够创造的自由现金流决定的。对于自由现金流折现法的核心参数有三个:自由现金流的时间、自由现金流的大小和折现率。相比较股票,指数基金在估值方面具有显著的优势。

第二节　估值的基本原理

金融资产的估值方法有两种,一种是绝对估值法,又叫自由现金流估值法,一种是相对估值法。估值是投资领域中一门非常重要的分支,有很多专门讲估值的书,比如《估值:难点、解决方案及相关案例》《财务报表分析与股票估值》《学会估值,轻松投资》等。在我的股票投资书籍《理性的投资者》第四章中也对估值的基本原理做过详细地推演。本书限于篇幅,我将把主要的精力用于基金估值在投资中的实践运用,本节从资产的价格运动驱动力、折现、折现率和安全边际四个部分给大家讲一下基金估值的基本原理。这些并不是估值的全部,要解决好估值,还有很多细节需要单独拿出来讨论,这点在我们投资具体基金的时候需要注意。

一、资产的逐利性导致不同的资产理论上有相同的收益率

我们首先看一个简单的经济学原理:在不考虑摩擦成本的时候,不同的资产收益率无限趋同。

这里假设有两种永续国债甲和乙,面值均为 100 元,甲的票面利率是 5% ,乙的票面利率是 10% ,市场投资者以收取国债利息为投资目标,在不考虑卖出的时候,如果甲的市场交易价格是 100 元,请问乙的市场交易价格是多少?

当投资者有 200 元的时候,可以购买 2 张甲债券,每年获得利息为 10元,可以购买 X 张乙债券,每年获得利息为 $10 \times X$ 元。

投资者来投资市场是为了赚钱,那么他一定会选择能让他收益率最高的资产,这是资金的本能。如果有一个资金不是以追求最大收益率为目标,那么在时间的岁月中,这个资金必然会被湮没。

既然资本时刻都在追求最高的收益率,那么理论上,所有资产的收益率

都是一样的。但是在实际的投资中,资产并不是绝对安全的,而是有风险的。很多资产的收益率并没有明确写在纸上,而是需要投资者去计算的,很多资产的信息并不是对所有投资者完全透明的,很多资产的流动并不是没有成本的。不同的投资者有不同的偏好,不同的投资者对相同信息的判断不同,以上种种原因,使得在投资市场中不同的资产表面上有不同的收益率。

投资的本质就是在投资者能够认知的范围内找出具有高收益的资产,并买进。当市场发现某个资产拥有高收益的时候,为了自己的利益就开始买进这个资产,抬高资产的价格,从而降低资产的收益率,直到投资该资产没有超额收益为止。

回到前面的案例中,永续国债甲和乙的利率不同,但是对于投资者来说,要求投资甲和乙拥有相同的收益率,那么通过解方程:$10 \times X = 10$,我们可以得到 $X = 1$,即 200 元只能购买 1 张债券乙,面值 100 的债券乙的交易价格是 200 元。

当债券甲和乙的面值都是 100 元,利率分别是 5% 和 10% 的时候,债券甲的交易价格是 100 元,那么债券乙的交易价格应该是 200 元,此时投资者的 200 元资金不管购买 2 张债券甲还是 1 张债券乙,其收益都是一样的,每年收到的利息都是 10 元。

当然,在这个案例中,债券甲和乙都是永续债,其价值就是获取利息,如果两种债券都有明确的到期日,那么因为到期后债券甲和乙都是按照面值兑现给投资者,此时 2 张债券甲可以收回现金 100 元 × 2 = 200 元。1 张债券乙可以收回现金 100 元 × 1 = 100 元。所以理论上,资产乙的价格应该低于 200 元。

在永续债、指数基金和股票的投资中,因为没有明确的到期日,没有按照面值兑现现金的机制,所以我们不考虑最后的兑现,如果一定要给出一个资产的持有时间段,我们可以把最后自己卖出去的价格当成兑现的金额。

我们可以得到的结论是:因为资金的逐利性,不同的资产收益率天然有动力趋于一致,直接表现是资产的价格变化,当资产价格上涨时,其收益率降低,当资产价格降低时,其收益率上涨。

二、折现的内涵

假如我们年初有 100 万元的现金,可以按照 4% 的利率存在银行,一年后得到现金 104 万元。我们认为年初的 100 万元和年末的 104 万元是等值的,尽管这两个不同的数字分布在不同的时间点上面,但是我们通过使用 4% 这个利率,把两个时间点沟通起来,使之具有可比性,这就是折现的价值。通过折现,让我们有可能把处于不同时间点的金钱进行比较,使得资产的估值成为可能。

在这个案例中,我们把 100 万元称为现值,4% 称为折现率,104 万元称为终值。一份资产,其每年产生的归属于投资者的自由现金流,按照对应的折现率逐笔折现,所有的折现值相加得到的就是资产的价值。

三、折现率的取值

在股票估值中,折现率的取值是非常复杂而且困难的。在股权估值中,折现率也叫贴现率,反映了投资者在投资中对于获取未来收益而承担风险的补偿要求。在股票绝对估值的永续增值模型中,折现率的轻微变化就会导致最后估值结果的巨变,投资者必须深刻理解折现率的本质,并且根据实际投资的标的和社会环境赋值。

1. 资本资产定价模型中折现率的取值

在股权自由现金流贴现模型中,我们常用 CAPM 模型来确定贴现率,这个模型就是资本资产定价模型。这是由美国学者夏普、林特尔、特里诺和莫辛等人在资产组合理论的基础上发展起来的,是现代金融市场价格理论的支柱,广泛应用于投资决策和公司理财领域。资本资产定价模型假设所有投资者都按马科威茨的资产选择理论进行投资,投资者可以自由借贷。该模型主要研究证券市场中资产的预期收益率与风险资产之间的关系,以及均衡价格是如何形成的,研究的重点在于探求风险资产收益与风险的数量关系,即为了补偿某一特定程度的风险,投资者应该获得多少的报酬率。

该模式的公式可以表示为:$Ke = Rf + \beta \times (Rm - Rf)$。

Rf 值得是无风险利率,通常用当下的十年期国债收益率表示。β 是风险系数,用来衡量单一投资的系统性风险,可以通过对股票的历史收益率是市场收益率进行回归分析得出,是一个相当有技术性要求的工作。($Rm - Rf$)是市场风险溢价,也叫股票市场溢价,指的是预期市场有价证券组合回报率与无风险利率之间的差额。

这个模型集中反映了折现率的两个特点:折现率体现了自由现金流折现的风险和资本要求的超额收益。我们也可以理解为,折现率就是资金愿意投资该资产要求的收益率。

该模型的成立有两大假设:第一,投资者是理性的,而且严格按照马科威茨模型的规则进行多样化的投资,并将从有效边界的某处选择投资组合;第二,资本市场是完全有效的市场,没有任何摩擦阻碍投资。

我们可以用文字表示:折现率 = 无风险利率 + 风险溢价。

在确定性非常高的投资标的计算中,折现率 ≈ 无风险利率 = 十年期国债收益率。

这里的风险溢价是投资者认为该笔投资可能面临的风险,风险溢价既取决于该笔投资本身的属性,也取决于投资者的主观评价,风险溢价是一种主观对客观事物的评价,是一个艺术化的判断。

需要指出的是,我们不必迷信贴现率的公式计算,巴菲特在《1996 年巴菲特致股东的信》中说:"投资要成功,你不需要研究什么是 Beta 值、效率市场、现代投资组合理论、选择权定价或是新兴市场,事实上大家最好不要懂得这一些理论,当然我这种看法与目前以这些课程为主流的学术界有明显不同,就我个人认为,有志从事投资的学生只要修好两门课程,亦即'如何给予企业正确的评价'以及'思考其与市场价格的关系'即可。"

在企业估值中,因为企业的未来自由现金流并不是确定的,折现率就是体现未来不确定性的载体,所以说,在折现率的赋值上并没有一个标准的范式。

2. 股权估值中折现率的取值

对具体的公司来说,哪些因素影响到它的折现率呢?公司的财务杠杆、资产结构、周期性、股权结构、治理结构、竞争优势、产品竞争力、护城河、产业链的地位……

举例说,在一个公司中有不同的资产类别,我们无法给出一个统一的折现率,因为每种资产面临的风险是不一样的,而且在估值的时候我们假定该资产的折现率在一段时间内是不变的。事实上,随着时间的变化,资产能够产生的现金流风险是变化的,那么折现率也应该改变。

以上的种种因素使得确定一只股票估值的折现率是非常困难,甚至是不可能的,所以我们说,对于价值投资者,值得投资的股票很少,因为绝大多数股票对于投资者来说都是无法有效估值的。

但是,在指数基金的估值中,我们面临的环境就好得多了。在指数基金的成份股中,因为每个公司的股票占比都不大以及内部互相冲抵的原因,我们可以认为指数基金成份股整体的净利润和自由现金流相近,我们也认为指数基金是永生不死的,不存在破产倒闭的风险。

3. 指数基金估值中折现率的取值

在指数基金估值中折现率的取值上面,我们不需要考虑财务杠杆、资产结构、周期性、股权结构、治理结构、竞争优势、产品竞争力、护城河、产业链等的地位。我们只需要明白贴现率的意义,根据其影响因素,针对不同行业、不同增速、不同周期属性的基金;根据需要采取不同的贴现率来反应其风险特征就可以了。

我们知道无风险收益率是一笔投资在不承担风险情况下可以实现的收益率。通常我们用政府债券利率代表无风险收益率,比如十年期国债收益率。

那么,在基金估值中,我们认为指数基金也近似无风险的,是不是可以直接用无风险收益率作为折现率呢?

答案是不能。因为指数基金并不是一个直接的投资品种，其底层资产是一个一个公司的股权，从这个角度讲，尽管我们投资的是指数基金，但购买的还是股权资产。

股权资产天然比债权资产风险高，这就意味着必须有风险补偿。风险补偿是多少呢？在宽基指数的估值中，我一般采取两倍无风险收益率作为折现率。即折现率＝无风险利率＋风险溢价＝无风险利率＋无风险利率。

当然，如果投资者认为该指数基金未来的盈利情况面临较大的风险，可以调整风险溢价。如果投资者追求更高的收益率，认为自己的资本需要更高的收益补偿，也可以调整风险溢价。这两个思考的角度和理解折现率的取值是相通的。

四、安全边际在基金估值中的运用

怎么来理解投资中的安全边际呢？我在《理性的投资者》一书中对于安全边际有过专门论述，不管是股票还是基金，或者任何投资，安全边际的理解都是一样的。

1. 指数基金的估值需要考虑安全边际

在《理性的投资者》第二章"认识价值投资"中，我讲道：

在估值的基础上，价值投资的实际交易中引申出安全边际的概念。

世界是无限的，而每个人的认知是有限的，没有谁能看透一个投资决策背后所有的事实和逻辑，看不透就意味着投资本身是一个概率游戏，区别是概率的大小，每个人都会犯错。

价值是主观对客观的认知，每个人对相同事实的价值判断都不同，而且企业的价值随着大量的相关因素变化在不断改变，并不是一个恒定的数值。

在企业的估值方面，涉及不同的参数，每个细节差异都会造成最后结果的不同。而我们知道，在一个充满不确定性的世界中，对公司的价值精确估值，是不可能的，很多投资者计算估值的时候要求精确到小数点后几位，我并不觉得有多大意义。

所以,我认为,投资者应该放弃给企业精确估值,而应该追求准确估值。同时应该明白我们的估值是有偏差,甚至是错的。

在这种情况下,如何保护自己的投资呢?格雷厄姆提出了安全边际的概念,即安全边际的大小取决于你付的钱。任何一只股票,假设在某一个价位时安全边际很大,价格再高一点的时候就变小了,再高一点,就没有安全边际了。'

投资者需要安全边际,这样才有空间承受长时间累积下来估值不准、运气不好或者分析错误所带来的损失。

直白点说,价值1元的资产用0.5元买下来,这笔投资就是有安全边际;用1元的资产买下来就没有安全边际;用1.5元的价格买下来,安全边际就是负的,投资者承担了较大的风险。

强调一下,以合理价格买入企业股权也是价值投资。但是,只能赚取价值内生性增长的收益,而且安全边际变小了。股票价格运动的机制使得股票价格一定会出现严重偏离价值的时候,耐心等待,市场上从不缺少好的投资机会。

值得注意的是,价值本身作为一种主观判断,那么安全边际也有具体认知的差异性。在价格和价值的相对运动中,格雷厄姆认为静态的价格低于价值就是安全边际;费雪认为价值的不断成长才是安全边际;巴菲特认为交易价格低于绝对价值下的价值是安全边际。这就像吃鱼,有的人喜欢清蒸,有的喜欢烤鱼,有的人喜欢酸菜鱼,形式多种多样,但都是吃鱼。

在指数基金的估值中,我们有没有必要引入安全边际的概念呢?我觉得有必要。

一方面,从基金和股票的基本属性看,基金尽管不存在财务造假、自由现金流和净利润关系需要判断,永续性经营等问题,但是在投资的过程中,基金同样面临着市场的风险、面临着折现率取值的风险,所以投资置业在估值的时候通过安全边际为自己的投资做好风险的缓冲就很有必要。

另一方面,很多人认为指数基金的投资具有较高的安全性,估值的时候采取安全边际似乎没有必要。我们具体看折现率,折现率和安全边际都是对于投资中风险的补偿,在指数基金的估值中,我们认为:折现率＝无风险利率＋风险溢价。

前面我说了在宽基指数的估值中,我一般采取两倍无风险收益率作为折现率。

注意,这里把风险溢价取值为无风险收益率,这是对股权投资相对于债券投资天然具有较高风险的基本补偿,当我们采取两倍无风险收益率作为折现率的同时,我们认为此时此刻指数基金的收益率和债券是等值的。

按照这个折现率算出来的合理估值,我们买进是没有超额收益的。但是,我们投资指数基金,而不是购买债券,就是为了获取超额收益。

为了获取超额收益有两种处理方式。

第一种,采取较高的折现率,比如投资者预期获取 10% 的收益率,那么当我们把指数基金等同于债券计算的时候,我们要求指数基金的市盈率为 $100 \div 10 = 10$。

第二种,采取较高的安全边际,比如 2021 年 5 月 8 日的无风险收益率为 3.179%,那么我们计算指数基金的合理市盈率为 $100 \div (3.179 \times 2) = 15.73$。

那么当指数基金的市盈率为 15.73 的时候,我们买进指数基金没有占便宜,不是"五毛买一块"。我们要求合理估值打七折,那么就是 $15.73 \times 0.7 = 11.01$ 买进,如果再设置一个卖出的范围,比如溢价三成,那么就是 $15.73 \times 1.3 = 20.449$。这个指数基金的买点市盈率就是 11.01,卖点市盈率就是 20.449。

按照这个买卖点进行投资的时候,我们不仅能够享受到指数基金投资的合理收益,还能获取超额收益。

但是,要注意,较高的安全边际意味着投资的安全性越高、潜在收益率更高,也意味着更少的交易机会。因为市场的估值点很难达到投资者合意的位置。在某种意义上说,资金的利用效率较低,不能充分获取市场情绪钟摆运动带来的超额收益。

国债收益率和指数基金的合理估值紧密相关。实际上,无风险收益率的大小影响所有资产的估值,但是无风险收益率并不是一个常数,其本身也是变化的。我们在评估指数基金的投资价值和交易点的时候,应该考虑当时的无风险收益率,而不是拿当前的投资环境去分析过去,更不能拿当前的投资环境去预测未来。

2. 基金的估值影响投资的成败

投资的成功和基金的估值紧密相关,可是基金的估值是和当时的投资环境相关的,我们得到的参数都是过去和现在的,未来则永远是未知的。我们可以对未来有一定的展望和预期,但是永远不会知道未来的细节。

所以,参数的选择、策略的制定说到底还是个性化的,还是有不确定的,即使对于指数投资来说,未来也会出现极端情况,极端高估、极端低估,甚至整个指数的估值环境发生巨变。投资市场并没有一个可以通过计算器就实现稳定盈利的"圣杯"。

投资终究是个性化的,是不确定的,是艺术性的。这点,我们应该牢记,切不可因为自己投资指数基金而认为风险极小,去加很高的杠杆。

关于指数基金的估值,我们还需要记住,通过合理估值并利用估值指标设定合适的交易点,实际上获取的是市场估值收益,对于投资我们可以长期获取的是内生性收益。

比如,一个指数基金,其市盈率为 10,单位基金价格为 10 元,单位基金盈利为 1 元,3 年后,单位基金盈利为 1.5 元,基金的市盈率为 15。那么投资者获取的单位基金收益是多少呢?

1.5 元×15－1 元×10＝未来单位基金的盈利×未来的基金估值－现在的单位基金盈利×现在的基金估值＝未来单位基金的盈利×(现在的基金估值＋未来估值的提高部分)－现在的单位基金盈利×现在的基金估值＝现在的基金估值×(未来单位基金的盈利－现在的单位基金盈利)＋未来单位基金盈利×未来估值的提高部分＝10×(1.5 元－1 元)＋1.5 元×5＝5 元＋7.5 元＝12.5 元。

这个关系式明确告诉我们,一只基金从买进、持有和卖出三个阶段中,投资者实际获取的收益包括内生性增长和估值提高两部分。

在实际的投资中,持有的时间越长,基金收益内生性增长的占比越大。所以,当你打算进行一次基金的短期投机,赚价值回归带来的收益的时候,就应该非常注重估值和安全边际。当你打算进行一次基金的长期投资,赚取内生性增长钱的时候,就应该注重内生性收益的大小、确定性和时间长度。这是两种思路,都是价值投资,当然,最好的投资是用较大的安全边际买进一只优秀的指数基金并长期持有,这样才能实现收益最大化。

这里我们讨论基金投资收益的时候,没有考虑到基金分红,如果基金实现了分红,那么投资收益还分为分红再投资和分红不投资两种情况,但是这些不会影响我们的结论。

第三节　宽基指数基金的估值

在估值基本原理的基础上,我们进一步讨论指数基金的估值方法,并使用沪深 300 指数基金作为案例进行宽基指数的估值计算。

绝对估值法是以现在为标准的时间点,利用资产在未来不同时间点产生的自由现金流,按照一定的折现率折回现,再计算出资产价值的估值方法。

要理解绝对估值法,债券是最理想的观察对象。

一、债券的自由现金流折现模型

一个资产,每年都有稳定的回报,这和债券很像,为了研究资产的价值,我们先以债券为例,介绍自由现金流折现模型的基本原理。

自由现金流折现模型的核心是考查一项资产从现在到消亡的时间里,投资者能拿到多少钱,这些钱折合到现在是多少。

假如有一个百分百确定 3 年后还本的债券,年息为 5% ,面值为 100 元,如果你想获得 10% 的回报率,这个债券多少钱你会买?

第一年年末,投资者得到 5 元利息。第二年年末,又得到 5 元利息。第三年年末,投资者得到本金和利息 105 元。三年共获得现金 115 元。

以什么价格购买这张债券可以实现 10% 的年化收益率呢? 在预期收益率 10% 的目标下,第一年获取的 5 元利息,相当于年初的 5 元 ÷(1 + 10%)≈ 4.55 元,即年初投资 4.55 元,收益率为 10%,那么一年后所得为 5 元。

同理第二年年末的 5 元,就等于 5 元 ÷(1 + 10%)÷(1 + 10%)≈4.13 元。原理是将第二年年末的 5 元,等同于第一年年末 4.55 元,然后第一年年末的 4.55 元又等同于现在的 4.13 元。第三年年末的 105 元,就等同于 105 元 ÷(1 + 10%)÷(1 + 10%)÷(1 + 10%)≈78.89 元。

至此,我们明白了,如果要获得 10% 的收益率,那么这张债券的价格应该是 4.55 元 + 4.13 元 + 78.89 元 = 87.57 元。如果债券价格高于 87.57 元,投资者的收益率会降低;反之,提高。这个 10% 就是折现率。

类似的案例在很多理财类书籍中被很多投资大师反复引用,对于理解自由现金流折现模型非常好,但是也有一点瑕疵。

现在我们反过来推一下:第一年年初投资 87.57 元,按照年化收益率 10% 计算,第三年年末应该得到 87.57 元 ×1.1×1.1×1.1 = 116.48 元。而在该债券案例中,第一年年末得到 5 元,第二年年末得到 5 元,第三年年末得到 105 元,总共为 5 元 + 5 元 + 105 元 = 115 元,明显 115 ≠ 116.48,这是怎么回事?

其实很简单,投资者要求的投资资本年化收益率 10% 指的是最开始的总资金一直按照 10% 的收益率复利增长,但是第一年年末拿到的债券利息并没有参与后面的复利增长过程。类似的,第二年年末拿到的债券利息收益也没有参与后面的复利增长过程,最后就形成了这种差别。

我们再回头算一下,其实我们计算的 4.55 元 + 4.13 元 + 78.89 元 = 87.57 元也就是我们的报价,分以下三部分。

① 4.55 元 ×1.1 = 5.005 元。

② 4.13 元 ×1.1×1.1 = 4.9973 元。

③ 78.89 元 ×1.1×1.1×1.1 ≈ 105 元。

三部分只有一部分完整参与了三年的复利增长过程,①②③相加也就是115元,即投资者在第三年年末实际拿到的全部现金。但是投资者期待的是87.57元×1.1×1.1×1.1≈116.55元。

这说明,当投资者确定自己投资的资产年化复合收益率为 X,如果中途有部分资金退出,比如分红、卖股等,退出的资金没有进一步投资或者投资的收益率小于 X,那么其总资产的实际复合收益率也是小于 X。

我们可以得到哪些结论呢? 具体有以下几点。

第一,以复合收益率要求投资时,在用自由现金流折现模型计算价值后,实际交易的价格应该打个折扣,时间越长折扣越大,以对冲因分红等原因退出资产复利增值过程的损失。

第二,投资的本质在于复利,一定要注意收益的再投资。

第三,我们应该重新审视巴菲特关于企业分红的智慧,关于企业净资产收益率的智慧,要明白投资的本质是生意,生意的本质是投入和产出。如果把企业当成一个印钞机,我们的关注点应该落脚在这台印钞机的效率上。

二、指数基金的自由现金流折现模型

在指数基金的估值中,怎么搭建自由现金流折现模型呢?

债券、指数基金和公司都是能够产生现金流的资产,其估值的原理是一样的,要采用自由现金流折现模型对其估值,都需要确定自由现金流的大小、时间和折现率。

这三种金融资产的区别是什么呢? 这里我们把股票和指数基金都归类为股权资产。股权资产和债权资产有明显的不同:

股权资产没有到期还本的说法,只能转让;

股权资产的自由现金流没有明确的数字,利润表中的净利润只是一个会计数字,并不代表投资者的真实收益;

与债券相比,股权资产具有较高的风险,需要采取与资产属性相匹配的折现率;

时间越长,股权资产的自由现金流越难确定。

进一步,我们可以认为债券是一项规定了时间点卖出价格的股权资产,而且这只股权资产在卖出之前每年的盈利都是固定的,是明确写出来的。

我们已经讲过股权资产中的指数基金和股票又有很大的不同,对于宽基指数,我们认为净利润就是自由现金流,而且宽基指数不存在经营风险、财务风险、政策风险、道德风险等企业经营所具备的底层风险。

所以,在对宽基指数估值的时候,我默认宽基指数的自由现金流就是净利润,就是投资者的真实收益。

这里我们首先以股票为例,看看股权资产估值的一般性方法:

$$企业价值 = \sum_{t=1}^{t=\infty} \frac{E(\mathrm{CF}_t)}{(1+r)^t}$$

注:$E(\mathrm{CF}_t)$ 为第 t 期的预期现金流,r 为适用于现金流的风险调整折现率。

在理想的情况下,我们认为,时间 t 为无穷大,但是根据实际经验,任何资产都是有寿命的,我们在估值的时候能够判断企业自由现金流和折现率的时间也是有限的。我们可以对时间 t 取值 N 作为有效估值时间段,并以"终值"反映该期间之后的全部现金流价值。由此得到的企业价值计算公式:

$$企业价值 = \sum_{t=1}^{t=N} \frac{E(\mathrm{CF}_t)}{(1+r)^t} + \frac{终值_N}{(1+r)^N}$$

那么,资产的价值就可以理解为:股票股权背后的资产在投资期间能够产生的全部收益以现金流形式的折现值总和,投资期间包括持有和处置两个阶段。这里的处置阶段就是计算终值。

在实际计算中,有效估值时间段 N 的取值根据企业的实际经营特性、投资者可获取的资料都有所不同,有的是 3 年,有的是 5 年甚至 10 年。需要说明的是,时间越长,估值的不可靠性越高,也就没什么意义了。

在计算有效估值时间段内资产价值的时候,投资者根据企业未来的增长特性有的时候按照一个固定的增长率计算这段时间每年的自由现金流,有的时候分为低增长和高增长阶段,这些区分在具体的估值计算中会形成差异,但是其原理和模型是不变的。

关于终值,计算公式是:

$$终值_N = \frac{第\,N+1\,年的现金流}{折现率 - 永续增长率}$$

在永续增长模型中,永续增长率的轻微变化都会引起终值的巨变。任何企业永续增长率高于经济增长率都不现实,因为如果永续增长率高于 GDP 的增速意味着在足够长的时间后,该资产在经济中的比例将达到 100%。所以一般认为未来的宏观经济增长率就是股权资产永续增长率的上限。

当永续增长率为 0 时,就是一个 0 增长模型。超长期的国债,或者永续债,就是这种模型。在英国就有存在时间超过 300 年的永续国债。

三、沪深 300 指数基金的估值计算

1. 股权自由现金流折现模型

这里我们先看一个股权自由现金流折现模型的完整演示。

某上市企业共有股份 1 亿股,明年的自由现金流为 10 亿元,已知现金流增长率为 8%,折现率为 10%。10 年后,公司进入稳定增长阶段,永续年金增长率为 5%,求合理股票价格。

第一步,计算未来 10 年的自由现金流,分别为 10 亿元、10.8 亿元、11.66 亿元、12.60 亿元、13.60 亿元、14.69 亿元、15.87 亿元、17.14 亿元、18.51 亿元、20.00 亿元,这里永续增长模型的初始年金就是 20 亿元。

第二步,对未来 10 年自由现金流进行折现,折现率为 1 + 10% = 1.1,现金流折现后分别为 9.09 亿元、8.93 亿元、8.76 亿元、8.61 亿元、8.44 亿元、8.29 亿元、8.14 亿元、8.00 亿元、7.85 亿元、7.71 亿元,求和为 83.82 亿元。

第三步,计算永续年金价值。这里的永续年金价值指的是第 11 年到永久的现金流折现到第 10 年年底的价值。

终值公式为:

$$终值_n = \frac{第\,n+1\,年的现金流}{折现率 - 永续增长率}$$

此处,折现率为 10%,永续增长率为 5%,n 取值 10,得出第 11 年的现

金流为 20 亿元 ×（1 + 5%）= 21 亿元，计算终值为 420 亿元。

永续年金价值模型折现的时间点是第 10 年年底、第 11 年年初，所以需要和第 10 年的自由现金流折现一样，用折现因子（1 + 10%）^{10} 折现后为 161.93 亿元。

第四步，计算所有者权益。即 161.93 亿元 + 83.82 亿元 = 245.75 亿元。

第五步，计算合理股票价格。即 254.74 亿元 ÷ 1 亿股 = 254.74 元/股。

2. 宽基指数基金自由现金流折现模型

知道了股权自由现金流折现的过程，那么怎么对指数基金进行类似的估值呢？我们来看一下 2021 年 5 月 18 日的部分基金估值（如下图所示）。

20210518	指数类型	PE	PE百分位	PB	PB百分位	股息率	ROE	指数代码
标普价值	策略	6.09	14.83%	0.62	10.17%	5.00%	10.11%	SPACEVCP
上证红利	策略	6.26	9.40%	0.70	0.52%	5.19%	11.21%	SH000015
标普红利	策略	6.34	10.84%	0.73	0.76%	5.10%	11.55%	CSPSADRP
中证红利	策略	7.20	14.52%	0.84	0.88%	4.47%	11.72%	SH000922
国证地产	行业	8.27	7.86%	1.12	0.56%	4.24%	13.57%	SZ399393
神奇公式	策略	9.39	9.36%	1.67	7.88%	2.10%	17.82%	CSI930949
国证A指	宽基	18.49	62.20%	1.89	50.32%	1.51%	10.23%	SZ399317
中证煤炭	行业	10.66	41.34%	1.18	48.83%	3.75%	11.10%	SZ399998
中证银行	行业	6.57	61.75%	0.74	9.89%	4.25%	11.24%	SZ399986
300红利LV	策略	8.30	48.32%	0.96	18.00%	3.54%	11.57%	CSI930740
基本面50	策略	9.43	54.32%	1.09	16.60%	3.24%	11.58%	SH000925
300价值	策略	8.18	30.84%	0.95	7.80%	3.64%	11.61%	SH000919
德国DAX	宽基	32.70	89.63%	1.78	74.26%	2.36%	5.46%	GDAXI
中证传媒	行业	35.00	26.32%	2.59	11.39%	1.11%	7.41%	SZ399971
全指信息	行业	53.64	46.85%	4.08	48.40%	0.58%	7.60%	SH000993
证券公司	行业	20.20	22.61%	1.68	27.79%	1.09%	8.29%	SZ399975
中证500	宽基	25.04	14.32%	2.10	26.12%	1.22%	8.40%	SH000905
全指可选	行业	32.88	86.97%	2.76	64.12%	1.38%	8.41%	SH000989
科创50	宽基	70.78	26.30%	6.37	23.19%	0.30%	9.00%	SH000688
恒生指数	宽基	13.57	93.04%	1.26	51.12%	2.08%	9.28%	HKHSI
中国互联	行业	57.03	84.19%	5.69	22.17%	0.01%	9.98%	CSIH11136
中概互联50	行业	55.03	71.17%	5.64	29.02%	0.01%	10.25%	CSIH30533
香港中小	宽基	17.66	89.75%	1.85	96.61%	1.92%	10.49%	SPHCMSHP
国企指数	宽基	12.55	93.80%	1.36	80.20%	1.68%	10.85%	HKHSCEI
50AH优选	策略	11.41	89.27%	1.25	86.77%	1.87%	10.98%	SH000170
上证180	宽基	12.13	76.88%	1.35	50.92%	2.35%	11.16%	SH000010
沪深300	宽基	14.24	83.32%	1.66	67.20%	1.94%	11.62%	SH000300
MSCI中国	宽基	15.46	77.68%	1.80	89.87%	1.74%	11.68%	CSI716567
上证50	宽基	12.15	89.52%	1.43	68.84%	2.49%	11.76%	SH000016
中证100	宽基	12.68	81.80%	1.51	65.60%	2.32%	11.94%	SH000903
深证成指	宽基	28.63	69.44%	3.44	86.56%	0.96%	12.01%	SZ399001
恒生科技	行业	45.98	60.71%	5.61	2.04%	0.06%	12.19%	HKHSTECH
央视50	策略	10.99	91.18%	1.41	58.73%	2.60%	12.86%	SZ399550
全指医药	行业	44.54	79.29%	5.74	91.47%	0.54%	12.88%	SH000991
基本面120	策略	22.62	86.52%	2.94	88.24%	1.35%	12.99%	SZ399702
新经济	策略	41.64	93.70%	5.46	94.20%	0.38%	13.14%	HKHSSCNE
基本面60	策略	22.32	90.44%	2.98	91.76%	1.45%	13.36%	SZ399701
创业板	宽基	58.68	73.16%	7.88	89.52%	0.40%	13.42%	SZ399006
TMT50	行业	37.49	34.72%	5.05	77.48%	0.54%	13.46%	SZ399610
MSCI印度	宽基	28.12	99.64%	3.79	99.64%	1.35%	13.48%	935600
标普500	宽基	32.49	92.29%	4.41	99.07%	1.31%	13.58%	SP500
科技龙头	行业	44.34	35.93%	6.45	48.86%	0.43%	14.54%	CSI931087
深证100	宽基	29.67	91.00%	4.40	96.88%	0.92%	14.82%	SZ399330
养老产业	行业	24.60	54.25%	3.76	87.37%	1.10%	15.26%	SZ399812
医药100	行业	44.61	85.73%	6.81	96.81%	0.50%	15.27%	SH000978
深证红利	策略	18.75	85.66%	3.03	91.68%	1.78%	16.16%	SZ399324
消费红利	策略	31.63	80.72%	5.76	64.67%	2.16%	18.22%	CSIH30094
主要消费	行业	41.36	96.96%	8.69	93.28%	0.98%	21.02%	SH000932
食品饮料	行业	50.38	95.96%	10.96	94.62%	0.93%	21.75%	SZ399396
中证医疗	行业	47.47	16.18%	10.74	90.28%	0.26%	22.61%	SZ399989
中证白酒	行业	54.43	95.65%	12.84	93.76%	0.79%	23.59%	SZ399997
纳指100	宽基	35.19	92.97%	8.51	97.06%	0.61%	24.19%	NDX

2021 年 5 月 18 日部分基金估值图

我们以宽基指数沪深 300 为例,市盈率为 14.24,市净率 1.66,股息率 1.94%,净资产收益率为 11.62%。

我们看一下市盈率、市净率和净资产收益率的关系,净资产收益率 = 净利润÷净资产 = (净利润÷总市值)×(总市值÷净资产) = 市净率÷市盈率。

我们把这个关系带入看一下,沪深 300 指数的净资产收益率 = 市净率÷市盈率 = 1.66÷14.24×100% = 11.65%,这和我们在表中看到的 11.62% 很接近,具体结果因为数据口径不同而有所差异,这个很正常。

为了能够对沪深 300 指数进行估值,我们这里设想有一家公司叫沪深 300,当年的净利润是 1 亿元,市值为 14.24 亿元,净资产是 8.57 亿元,净资产收益率为 11.62%,股息率为 1.94%。

股息率,是一年的总派息额与当时市价的比。以占股票最后销售价格的百分数表示的年度股息,该指标是投资收益率的简化形式。股息率是股息与股票价格之间的比率。

$$股息率 = \frac{股息}{股票价格} = \frac{分红总额}{公司市值}$$

由此,可以推算出当年分红总额为:

分红总额 = 公司市值×股息率 = 14.24 亿元×1.94% = 0.28 亿元。由此可知,企业的分红率为 28%。

剩余净利润 = 1 亿元 − 0.28 亿元 = 0.72 亿元,这部分利润继续投入沪深 300 这家公司经营。

那么,沪深 300 这家公司的合理估值是多少?市值为 14.24 亿元的时候能不能买进?

假如我们认为我国未来 GDP 增速为 5%,预计沪深 300 这家公司的净利润增速为 8%,折现率就是我们的预期收益率,当我的预期收益率是 15%,那么折现率就是 15%。

沪深 300 公司今年的利润是 1 亿元,明年就是 1.08 亿元。为简化计算条件,这里假设沪深 300 这家公司每年的净利润全部分配给股东,自由现金流和净利润相等,根据终值计算公式,可算出沪深 300 这家公司的合理估值为:1.08 亿元 ÷（15% − 8%）≈ 15.43 亿元。

这个计算结果的真实含义是在前述各项假设都成立的情况下,即沪深 300 的市盈率为 14.24,市净率 1.66,净资产收益率为 11.62%,净利润增速为 8%,投资者的预期收益率为 15%,自由现金流和净利润相等。那么投资者按照 15.43 亿元的市值买下沪深 300 这家公司,长期持有的投资收益应该在 15% 左右,注意这里是需要长期持有的,因为使用的是永续增长模型。

在实际的投资中并不是真的需要永久持有,因为按照自由现金流折现的原理,时间越远的钱越没价值。比如,100 万元现金,按照 5% 的折现率计算,100 年后的 100 万元,折现到现在只有区区 7 604 元,对资产的价值计算影响极小。

这里假定的是沪深 300 这家公司每年的净利润等于自由现金流且全部分配给股东。在实际的投资中,企业经常会把一部分利润按照分红的形式返还给投资者,投资者可以选择分红再投资或者改善生活。不同的处理方式会影响到估值的数值大小,但是不影响我们对该投资品种总体投资价值的判断。

我这里直接假设沪深 300 这家公司未来的净利润增长率是 8%。你可能不认同我的观点,那么也可以按照自己认同的方式建立估值模型。比如,把沪深 300 的估值模型分成两段,一段是 8% 的净利润增长率,一段是 5% 的永续增长模型。这是假设 10 年后我国经济进入老年化社会,经济体量较大,那么参考欧美成熟国家的数据,GDP 保持 5% 就非常好了。

还可以采取三段式的估值模型,一段是 8% 的净利润增速,一段是 5% 的净利润增速,一段是 3% 的永续增长模型。你可以为每段设置自己认为合理的时间段。只要有合适的参数,我们也可以估值。

从这个过程我们可以看出,估值只是对价值的估算,并不是一个标准化的数学计算过程。不同的人对相同的事情有不同认知,相同的人在不同的时间对相同的事情也有不同的认知。我们做估值的核心是为了"心中有数",而不是为了计算一个精准的数值。

我们对沪深300这家公司进行估值,就是对沪深300指数这个被动投资组合进行估值,因为沪深300指数基金是跟踪沪深300指数的,所以我们可以认为这个估值也是沪深300指数基金的估值。

3. 指数基金估值需要注意的几个关键点

关于指数基金的估值,最后还有几个要点需要单独说明。

第一,我们假设宽基指数的净利润就是自由现金流,这只是一种理想情况,是不符合实际的。尽管成份股数量众多,在整体上不存在财务造假以及三角债等问题,但是沪深300这个由300家成份股公司组成的"大公司",每年的净利润一定是有一定比例需要拿出来作为资本性开支的。

这个比例取多少呢?我目前还没有相关的研究,个人感觉15%是要有的,那么只有85%的部分可以拿出来作为自由现金流分配给股东。

第二,关于安全边际的问题,我坚持认为在指数基金的投资中,买入价格也是需要讲安全边际的。在上一节中我已经讲述了自己的观点,这里再结合我说的指数基金的净利润只有部分能够作为自由现金流,那么安全边际就是必须要有的。

安全边际是多少?每个人都有自己的风险认知和市场认知。大家可以做好安全边际后进行投资。假如我认为沪深300的安全边际是8折,那当我预期收益率是15%的时候,我只会在 $15.42 \times 0.8 = 12.336$ 的时候才会买进。

第三,所谓的估值是一个估算的过程,并不要求精确,但是不能出现方向性错误。比如,在上一节中我采用相对估值法,"比如2021年5月8日的无风险收益率为3.179%。那么,我们计算指数基金的合理市盈率为100÷

$(3.179 \times 2) \approx 15.73$"。非常简单,一分钟搞定。

在今天的估值中,我用自由现金流折现模型计算,沪深 300 的合理市盈率应该是 15.43。

15.73 和 15.43 其实是差不多的,这说明两种估值都还不错。

4. 关于持有基金的收益率说明

再有就是关于持有基金的收益率问题。很多投资者朋友都会有一个疑问:如果我买进一只宽基指数,长期持有,我的复合收益率是多少?

在《理性的投资者》第四章"估值的方法"中,我讲到一个投资估值模型:

假设一家企业的净资产为 A,市净率为 PB,净资产收益率为 ROE,每年固定分红,则第二年企业分红后的净资产为"$A + A \times ROE - A \times ROE \times 分红比例$",与企业的初始净资产 A 相比,增值的比例为"$ROE - ROE \times 分红比例$"。此处,分红比例为企业当年的分红与企业当年的利润比值,公式进一步提炼如下:

$$ROE \times (1 - 分红比例) = ROE \times (1 - 分红率)$$

这是以净资产为"锚点"评估投资增值效率的一般公式。

这个模型中,期初股东得到的股息是"$A \times ROE \times 分红率$",每年股息的增长率和净资产增长率一样,也是每年增长"$ROE \times (1 - 分红率)$"。

我们继续考查分红再投资的情况,假设第 n 年企业的净资产为 1(企业的净资产为 1 还是 N 不影响结论,我们最后计算得到的是增长率,即一个比率),市净率为 PB,净资产收益率为 ROE,分红率定义为"当年分红÷当年利润"。

第 $(n+1)$ 年分红前企业的净资产为"$1 \times (1 + ROE)$",当年的利润为"$1 \times ROE$"即可分配利润,分红为"$1 \times ROE \times 分红率$",分红后净资产为"$1 + 1 \times ROE \times (1 - 分红率)$",企业分红的钱以同样的市净率 PB 买入净资产为"$1 \times ROR \times 分红率 \div PB(市净率不变)$",则企业此时的净资产为"$1 +$

$1 \times ROE \times (1 - 分红率) + 1 \times ROE \times 分红率 \div PB"。

注意：

$ROE \times 分红率 \div PB = (当年利润 \div 净资产) \times (当年分红 \div 当年利润) \times$ (净资产 $\div$ 期初股票价格) = 当年分红 $\div$ 期初股票价格 = 股息率

企业一年的净资产增加额比例 $= ROE \times (1 - 分红率) + 股息率$

这就是企业估值不变，企业每年的分红再投资，其净资产的复合增长率，这也是投资企业的复合收益率。

这里的估值是从净资产的角度分析问题，当市净率不变的时候，分红全部再投资，投资者持有的公司净资产复合增长率就是投资者的收益复合增长率。

这个公式也很好地解释了内生增长的原理。不同的资产因为内在属性的不同而拥有不同的内生性增长，不同的内生性增长应该匹配不同的估值。

股票和宽基基金的本质是一样的，都是一种金融投资工具，关于股票投资的模型和结论完全适用于宽基指数的投资，即我们长期持有一只宽基指数，并且分红再投资。如果该宽基指数的估值和各参数保持不变，则投资者的复合收益率为：投资收益增长率 $= ROE(1 - 分红率) + 股息率$。

这个收益是由宽基指数的内生性增长决定的，当然也是一个估算，而不是精准的计算结果。

第四节　成长性指数基金的估值

在上一节中我们一起看了 2021 年 5 月 18 日的部分基金估值图。

我们发现沪深 300 指数的市盈率是 14.24，而纳指 100 指数的市盈率是 35.19，这是不是说明沪深 300 低估，纳指 100 高估了呢？

1. 成长性指数基金的估值只能使用绝对估值法

价值是投资标的基本面研究和制定交易决策中间的桥梁,在投资中承担承上启下的重要作用,非常重要。在上一节中我们说"不同的资产因为内在属性的不同而拥有不同的内生性增长,不同的内生性增长应该匹配不同的估值"。指数估值的高低是当前价值和价格的比较结果,而不是估值指标的大小。

首先我们再次回顾估值的基本方法。以沪深300为例,在使用相对估值法的时候我们得到的合理估值是15.73,在使用绝对估值法的时候我们得到的合理估值是15.43。尽管这种微小的差异不影响投资决策,但是相对估值法得到的合理估值数字小于绝对估值法得到的合理估值是有原因的。

在使用相对估值法的时候,我们是这样计算的,以2021年5月8日的无风险收益率3.179%为基准,沪深300指数基金的合理市盈率为100÷(3.178×2)≈15.73。

在使用相对估值法的时候,我们把沪深300指数基金简单当作债券来处理了,我们默认沪深300指数基金未来每年的利润都是稳定的,最后作为股权资产可以按照两倍无风险收益率卖出。

但事实上,股权资产的净利润并不稳定,而是存在较大幅度波动的,具体到指数基金,其每年的净利润都是增长的。以沪深300为例,在绝对估值法的时候我们假设其每年净利润增长8%,这个增速比较低,所以我们最后使用绝对估值法和相对估值法的结果差不多。

因为绝对估值法中我们假设净利润是逐年增加的,而在相对估值法中我们默认净利润是不变的,所以使用绝对估值法对沪深300估值的合理估值要比相对估值法估值的合理估值要高,这也是正常的。

当然我们衡量一个资产内生性增长的时候,除了用净利润增速这个指标,还会用到净资产收益率。比如说,一份价格为100万元的资产,第一年盈利2万元,第二年盈利4万元,第三年盈利8万元,第四年盈利16万元……我们当然说这是一份非常优质的资产,内生性增长非常好。

那么,一份价格为100万元的资产,第一年盈利20万元,全部分红,第二年还是盈利20万元,全部分红,第三年还是盈利20万元,全部分红,第四年还是盈利20万元,全部分红……我们也说这是一份非常优质的资产,内生性增长非常好,这种内生性增长没有体现为净利润的增长,而是股东净资产的增长。当股东把分红用于再投资的时候,净资产的增速会更快,净利润和净资产都是股东权益,都是一种内生性的增长。

那么,对于净利润增速比较高的宽基指数、净资产收益率较高的指数或者净利润增速和净资产收益率都很高的指数,很明显,使用相对估值法就会出现较大的偏差,指标越高,这种偏差越大。根据我的经验,基本上对于净利润增速高于15%的指数或者净资产收益率在18%的指数,通过市盈率、市净率等相对估值法的常用指标去判断合理估值区间都行不通。

要计算这类指数基金的合理估值,我们需要采用绝对估值法进行严格的计算,最后才能得到一个合理的参考值。

2. 成长性指数基金自由现金流折现模型

以2021年5月18日的纳指100为研究对象,估值数据市盈率35.19,市净率8.51,股息率0.64%,净资产收益率24.19%。

为了对该指数进行估值,我们用上一节中使用的办法。这里把宽基指数纳指100当作一家名为纳指100的公司,它的市值为35.19亿元,当年盈利为1亿元,股息率为0.64%,净资产收益率为24.19%,市净率为8.51,这几个核心数据长期保持不变,求纳指100这家公司的合理估值。

当我们计算出纳指100这家公司合理估值的时候,因为纳指100的一个包含100家成份股的指数产品,可以理解为这就是指数的合理估值,指数基金跟踪指数,那么这个估值就是所有纳指100指数基金的合理估值(原则上讲,指数不是金融产品,是不能估值的,这里把指数当作按照成份股择股和赋权组成的一家"混合"公司)。

首先,计算今年的分红为 35.19 亿元 ×0.64% ≈2 252 万元,分红率为 2 252 万元 ÷10 000 万元 ×100% =22.52%。

我们继续推算公司的净资产,因为市净率 = 总市值 ÷ 净资产。我们可以得到净资产 = 总市值 ÷ 市净率 = 35.19 亿元 ÷8.51 ≈4.14 亿元。

我们用净资产收益率反证一下,净资产收益率 = 净利润 ÷ 净资产 = 1 ÷ 4.14 亿元 ≈24.15%,和估值数据 24.19% 相近,假设没问题。

如果,注意这里的假设,纳指 100 这家公司能够持续保证 24.19% 的净资产收益率,那么今年年底公司的净资产 = 4.14 亿元 + 1 × (1 − 22.52%) = 4.914 8 亿元。

那么明年公司的净利润 = 净资产 × 净资产收益率 = 4.914 8 亿元 × 24.19% ≈1.19 亿元,净利润同比增加约 19%。因为纳指 100 这家公司的市盈率、市净率、净资产收益率和股息率均不变,我们可以认为公司的净利润就是按照每年 19% 的速度递增的。

为简化计算条件,这里假设沪深 300 这家公司每年的净利润全部分配给股东,自由现金流和净利润相等,根据终值计算公式:

$$终值_n = \frac{第\ n+1\ 年的现金流}{折现率 - 永续增长率}, n = 0,1,2,3\cdots$$

这里永续增长率就是公司净利润的增速 19%,当折现率小于 19% 的时候,估值为负数。我们想一下,无限期持有一份净利润同比增长率为 19% 的资产,但是预期收益率却低于 19%,并不符合常理。

这里面还有一层隐含的逻辑,如果折现率低于净利润增速,那么我们假设一份资产年初现金流为 10 亿元,每年增速为 10%,折现率为 8%,那么第一年的自由现金流为 10 亿元,折现后为 9.25 亿元,第二年的自由现金流为 11 亿元,折现后为 9.43 亿元。以此类推,我们发现这是一个等比数列求和公式,但是第 (n+1) 项总是大于第 n 项,当 n 无穷大的时候,其求和的结果就是一个无限大的数字,这不符合逻辑。因此在利用终值计算公式计算的时候,要求折现率必须大于永续增长率。

所以,当我们使用自由现金流折现法对资产进行估值的时候,折现率应该大于永续增长率,这个时候估值才有意义。

那么,我们暂且把预期收益率设置为25%吧。此时纳指100的合理估值=1亿元÷(25% – 19%)≈16.67亿元。今年纳指100公司的净利润是1亿元,即纳指100的合理市盈率是16.67。

这个计算结果的含义是,当纳指100长期保持净利润增长率为19%的时候,如果投资者预期收益率为25%,那么纳指100的合理市盈率为16.67;同样的,如果预期收益率是30%,纳指100的合理市盈率是9.09;如果预期收益率是35%,纳指100的合理市盈率是6.25。

对于一份净利润稳定增长的资产,投资者的预期收益率越高,就应该以更低的估值去购买,这个很好理解。

3. 终值计算对于估值非常重要

现在我们假设投资者的预期收益率是19.01%,那么纳指100的合理市盈率就是10 000,是的,你没看错,纳指100的合理市盈率是10 000。

这个计算结果非常恐怖,其背后的含义是当我们长期持有一份净利润稳定增长,并且每年利润全部用于分红的资产,我们的收益率和净利润增长率相一致。哪怕我们购买该资产的时候,估值极高,也没关系,只有时间足够长,就可以消化此估值。

这里有一个非常有意思的逻辑冲突,一份净利润增速为19%,净利润就是自由现金流的资产,无论以多高的估值持有足够长的时间都可以获取19%左右的复合收益率。那么为什么前面的计算中认为在9.09倍市盈率买进可以实现30%的复合收益率呢?

我们再次看终值计算公式,奥秘就体现在分母中。

$$终值_n = \frac{第\ n+1\ 年的现金流}{折现率 - 永续增长率}$$

为了能够明白这个问题的本质,我们需要回归这个计算公式的推导过程,假如有一份资产第一年的自由现金流为f,增长率为g,折现率为r,那么我们可以得到第n年的自由现金流:$f(n) = f \times (1+g)^{n} - 1$。折现率为$r$,折现到第一年得到的结果是$[f \times (1+g)^n - 1] \div [(1+r)]^n$。

在每年折现后的自由现金流相加的时候,我们发现,这是一个等比数列求和,其中第一项是$f \div (1+r)$,公比为$(1+g) \div (1+r)$,即(1 + 永续增长率) ÷ (1 + 折现率)。

当永续增长率≥折现率的时候,这是一个第$(n+1)$项大于等于第n项的等比数列,它的求和一定是无穷大,对于一个无穷大价值的资产,任何估值买进都是值得的。

当永续增长率<折现率的时候,这是一个第$(n+1)$项小于第n项的等比数列,它的数列是收敛的,无限接近于0,那么当折现率大于增长率越多,这种收敛就越快。

这种收敛是指数级别的,非常恐怖。现在假设有100万元,按照10%的折现率进行折现,当时间为100年只有72.57元,按照5%的折现率进行折现,当时间为100年只有7 604.50元。这意味着假如有一份每年自由现金流为100万元的永续资产,我们在进行估值的时候,就算它确实是永续资产,折现率取值为10%或者5%的时候,我们也不需要考虑其100年后创造的现金流价值,因为经过折现后其真实的价值已经很小了,根本不影响投资决策,只有当下的自由现金流才是真的价值。

这就告诉我们,在永续增长率小于折现率的时候,我们计算投资一份资产的收益率的时候就必须考虑买入时候的价格,并不存在长期持有的收益率就是净利润永续增长率的结论。

4. 净资产收益和持有收益率的关系

讲估值讲到这里,很多读者可能就有一个疑问,很多人都听过一个说法:长期持有一份资产,投资者的收益率和该资产的净资产收益率相近,为什么这里讲投资者的收益率和该资产的净利润增长率相近呢?

我们先看为什么说"长期持有一份资产,投资者的收益率和该资产的净资产收益率相近"?

我们回忆一下第三节中最后关于"关于持有基金的收益率问题"的模

型,在该模型中我们得到了"从净资产的角度分析问题,当市净率不变的时候,分红全部再投资,投资者持有的公司净资产复合增长率就是投资者的收益复合增长率"的结论。

两个模型的结论不一样是因为假设条件不同,一个假设净利润全部分红,然后按照自由现金流折现原理进行估值,一个假设分红全部再投资,一个从市盈率的角度看问题,一个从市净率的角度看问题。

事实上,在一个模型中,如果该资产的市净率保持不变,净资产收益率不变,全部利润留存在该资产中继续增值,那么我们假设该资产的净资产为 A,净资产收益率为 ROE,则第一年该资产的净利润为 $A \times ROE$。

在第 n 年,该资产的净资产为 $A \times (1 + ROE)n$,该资产的净利润为 $A \times (1 + ROE)n \times ROE$,由此可见净资产的复合收益率和净利润的复合收益率是一样的,两个和投资者长期持有的复合收益率是一致的。

这告诉我们在投资中遇到任何结论都不能想当然,必须考虑该结论成立的条件以及适用的环境,决不能生搬硬套,斗则就会沦为"信息的奴隶",对于投资的方法和结论,我们要知其然,更要知其所以然。

在实际的投资中,我们知道一份资产不可能长期在低分红的前提下保持较高的净资产收益率,否则指数增长的净资产很快就会变的无穷大,这不符合常理。

那么,对于纳指 100 的估值,我们可以用一种更符合实际情况的估值方法,即三段式估值法。三段式估值法和两段式估值法是自由现金流折现模型最常用的两种具体情况。

对于纳指 100 这家公司,我们可以假设其可以保持 19% 的净利润增长速度高速增长 10 年,随后保持 10% 的净利润增长速度低速增长 10 年,最后进入永续增长模型,增长率为 8% ,折现率取 15% ,求纳指 100 的合理估值。

以上都是模型的建立阶段,建立之后就可以根据自由现金流折现模型的具体步骤一一求解。

关于具体的估值方法和过程演示，可以参考我在《理性的投资者》一书中第四章"股票的估值方法"中的内容。

5. 估值的本质是一种思维方式

关于估值，我们要理解，自由现金流折现法的本质是一种思维方式，它是投资者用来衡量资产产生自由现金流的持续时间，产生这个现金流需要承担的风险或者说机会成本，资产产生的净利润是真金白银而不是一个会计数字。在这个基础上，投资者来对资产的价值进行估算。世界上并不存在一个真的可以套用某种公式对资产的价值进行精确计算的方法。

在 2002 年股东大会上，有位提问者直接问巴菲特："您平时使用什么估值指标？"

巴菲特的回答是：

"生意的合理估值水平与标准普尔 500 指数相比的优劣，取决于生意的净资产回报率和增量资本回报率。

我不会只盯类似像 PE 这样的估值指标看，我不认为 PE、PB、PS 这些指标能告诉你什么有价值的信息。

人们想要一个计算公式，但这并不容易。

想要对某门生意进行估值，你需要知道它从现在开始直到永远的自由现金流量，然后把它们以一个合理的折扣率折现回来。

金钱都是一样的，你需要评估的是这门生意的经济特质。"

从这个角度讲，我们做投资并不需要对某个资产的价值进行精确的计算，因为现金是资产，黄金是资产，房子是资产，基金是资产，股票是资产，指数基金是资产，货币基金是资产，宽基指数基金是资产，行业指数基金也是资产。投资者能做的唯一工作就是把自己能够理解的资产放在一起，然后在这个范围内对不同的资产价值进行比较。

投资者不需要计算出具体资产的价值，而只需要比较谁大谁小，然后把自己的总资产分配到价值最大的具体资产组合中就行了。

通过对纳斯达克 100 指数基金的估值过程，我们可以发现，一只指数基金是否高估,和投资者对未来该基金利润增长率大小和时间的判断、投资者的预期收益率紧密相关。我们并不能从单纯的市盈率、市净率等指标判断出其估值高低。

对于低净利润增长的宽基指数,我们使用市盈率和市净率很容易就判断出是否低估,而对于高净利润增长的宽基指数,他的合理估值就需要单独拿出来计算。

在我的投资经历中,我经常看到投资者为"前景光明"的资产支付高价格,甚至泡沫。这种非理性行为不仅出现在 A 股,在其他证券市场也一样,并且投资者作为一个整体,并不能从泡沫的破灭中吸取教训,当一个资产保持高增长仅仅三五年后,乐观的情绪就会传染整个市场,然后迅速给该资产极高的估值,即使在明显泡沫之后仍然继续推动,或者保持相当长的时间。

这种现象背后的推动力是如此强大而普遍,我不得不承认,这就是市场的规律之一。这教育我,一方面不能在优质资产高估值的时候做空,因为不知道泡沫会持续多长时间,也不知道泡沫到最后有多疯狂。另一方面,当我在低估值买进优质资产的时候,就必须耐心持有,一定要等到泡沫的出现。对于优质资产,泡沫价格的出现几乎是一种必然,投资者应该享受这个过程。

同样的,对于不那么优质的资产,在低估的时候也不能因为低估值而过于欣喜,因为该资产很可能长期保持低估值,而且可能市场会给出更低的估值,盲目上杠杆是危险的。投资收益只能依靠分红再投资,依靠不断增长的股息率来推动。投资者对于低估值的不是很优质的资产,当出现泡沫的时候就应该卖出,不必等待泡沫的继续发展,因为对于此类资产,出现泡沫是非常少有的事情。

对于古典价值投资者,从投资时间上面讲,短期投资的话,估值的回归是主要利润来源,投资者应该侧重关注价值和价格的偏离度。长期投资的话,内生性的增长是主要利润来源,投资者应该侧重关注资产的内生性增值速度的大小和持续性。

这两种不同的投资方式尽管在"价值"的维度上得到了统一,但是因为投资者人性的参与,在具体的投资细节上也呈现显著的差异性。

就我自己,我偏爱优质而低估的资产,尽管常常不可得,但是只要有耐心,市场人性的波动就一定会给予机会,给予丰厚的馈赠。

第五节　周期性行业指数基金的投资方法

在讨论完宽基指数的估值和成长性指数基金的估值后,我们继续研究两类重要的指数基金:一种是周期性行业指数基金,一种是聪明贝塔策略指数基金。

我们在前面讲过,指数基金是特殊的股权类资产,其估值方法和投资方法在底层逻辑上和股票是一致的。

从这个方面讲,行业指数基金、策略指数基金的估值方法和一般性的宽基指数是一样的,但是这两类被动基金具有相当的特殊性,有必要单独讨论。

一、周期性行业指数基金的投资背景

对于宽基指数,逻辑非常简单,只要国家经济持续向上,那么指数就会增长,投资相应的指数基金就可以实现盈利。但是行业指数的逻辑在于行业未来的发展情况,其投资价值和行业的发展情况紧密相关。

我们知道不同的时代有不同的经济面貌,有的行业在特殊的时间段一飞冲天,随后一蹶不振,有的行业甚至会彻底消亡,有的行业则持续焕发着活力。

以男女婚嫁为例,在 20 世纪 70 年代是"三转一响"检验真爱,结婚三大件是手表、自行车和缝纫机,20 世纪 80 年代就变成了"爱是电视机、冰箱、洗衣机的轰鸣与平凡",90 年代是"大哥大、电脑、空调是一个家最理想的模样",而到了 21 世纪就变成了"有房有车有钱",这种时代的变迁深刻影响着人们的思想观念,我们做投资也必须考虑到这种时代背景。

如果你投资的是行业指数基金是缝纫机、煤油灯、马车、照相机、手表,恐怕只能欣赏"飞流直下三千尺,疑是银河落九天"。如果最近十年你投资的行业指数基金是房地产行业、汽车行业、家电行业,恐怕坐着不动也可以打败绝大多数人。而如果你投资的是食品饮料行业、白酒行业、医药医疗行业,那么不需要任何操作,你的投资收益就可以笑傲天下了。

可见,行业指数基金投资的关键是对行业未来发展前景的判断。

如果从指数基金净利润变化的角度去观察指数基金,可以把所有的指数基金分为五种类型。

第一种,净利润保持不变,或者缓慢增长。

第二种,净利润长期稳定增长。

第三种,净利润以较高的速度增长。

第四种,净利润大起大落。

第五种,净利润持续衰退。

对于第一种、第二种和第五种指数基金的估值,我们可以把它归结为一般性的宽基指数,我们已经非常详细地讲解过估值方法了,有类似特征的行业指数基金可以使用同样的方法。

第三种指数基金的估值我们在上一节也已经深入探讨过了。

第四种指数基金的估值非常有趣。从理论上讲,任何金融资产的价值都可以使用自由现金流折现法计算,但是对于净利润大起大落的资产,我们有时候就很难确定其自由现金流的大小和时间。

对于这种净利润大起大落、呈现周期性变化的基金,我们就叫作周期性行业指数基金,其投资方法和周期股的投资方法类似。

周期性行业指数基金也好,周期性股票也好,我们都需要去研究周期这个核心问题。

二、周期性行业投资的一般性方法

关于周期的成因,霍华德·马克斯写的《周期》中做了比较系统的分析,主要有经济发展本身有周期、政府的逆周期调节、企业盈利有周期、股市投资者的心理、情绪的周期变化、社会的风险态度周期、金融系统的信贷周期和不良债权周期等。

产生周期的原因有很多,但本质反映的是产品或者服务供给与需求的矛盾发展过程。周期性一定体现在产品的毛利率方面,所以我们研究周期股要高度关注产品的毛利率变化,这是市场供求矛盾最直接的表现。

根据一个行业恢复新的平衡态需要的时间长短,把周期分为长周期和短周期;根据这个过程中商品价格变化的剧烈程度,把周期分为强周期和弱周期。做周期行业的投资,最好是寻找那些长而强烈的周期。值得注意的是,毛利率的变化只是表象,我们关注的是企业盈利的周期。

考查供给端,如果一个行业在供求失衡的时候,产能很快就可以根据需求的变化而变化,那么大概率就是短周期,比如日化产品等。反之,供给端的调整传递到具体的商品供给量变化需要的时间比较长,那么大概率就是长周期,比如房地产、养猪行业等。长周期一般是强周期,短周期一般是弱周期,当然我们还要考虑商品的可替代性、产业格局、行业成本属性等。

考查需求端,有的周期性行业需求端是稳定的。比如,猪周期研究中,消费市场对于猪肉的需求其实是稳定的。有的周期股需求端是变化的。比如,在汽车行业研究中,宏观经济的变化影响每个人的收入水平和消费意愿。我们研究周期股就要从供求关系着手去分析周期形成的原因,才能对行业周期变化趋势形成较为可信的判断。

不管是供给端、需求端或者两端共同作用下形成周期的驱动力,都是供需失衡引起的,我们考查供求关系恢复平衡的时间,就可以判断周期的长短。值得注意的是,同样的研究标的,除了周期属性,还有其他属性(如成长或者衰退)。比如房地产行业原本是一个强周期、长周期行业,但是在中国近20年的发展却呈现出了弱周期、短周期、高成长的趋势,我们一定要分享行业发展的主导力量。

周期股也有不同的类型,比如一家企业从2010年到2020年的扣非净利润分别是125.85亿元、70.09亿元、47.20亿元、63.21亿元、57.94亿元、10.85亿元、89.94亿元、179.86亿元、206.34亿元、110.60亿元、124.34亿元,这11年间扣非净利润大起大落,但是有着较为明显的中枢:100亿元,这家企业就是宝钢股份。

还有一家企业从2010年到2020年的扣非净利润分别是11.33亿元、17.94亿元、23.76亿元、27.83亿元、24.57亿元、15.55亿元、36.76亿元、107.11亿元、100.35亿元、91.56亿元、95.44亿元,这11年间扣非净利润大起大落,但是净利润在不断地起落中实现了成长,这家公司就是万华化学。

还有一家企业从2010年到2020年的扣非净利润分别是15.84亿元、9.23亿元、-4.39亿元、-18.67亿元、5 513万元、6.66亿元、9.37亿元、12.66亿元、6 673万元、4.47亿元、24.07亿元,这11年间扣非净利润大起大落,但是净利润在起落中不断萎缩,这家公司就是中远海能。

这三家都是周期股,但是有完全不同的表现,这源自于三家公司所处行业的发展前景及自身在业内的行业地位不同。我们投资周期类型的行业指数基金,也是需要考虑不同行业的发展前景,不能一概而论。

对于股票投资,投资者必须去判断企业未来的发展前景,核心是行业的发展前景和企业的市场份额,而周期性行业指数基金的投资者则只需要判断行业的周期性变化即可。

对于周期性行业指数基金,其估值同样可以采用自由现金流折现法,只要我们能够确定自由现金流的大小、时间和折现率这三个核心要素即可。但是周期性指数基金的表现和多种因素相关,我们很难去判断自由现金流的大小和时间。

与此同时,周期性行业的股票、指数基金的表现有其独特的机制。当股价的自由现金流折现值难以较为准确判断时,在非理性人组成的投资市场中,股价被信息驱动的特征非常明显。这一块我们需要单独拿出来,具体问题具体分析。

三、周期性行业资产的具体方法

1. 预期是周期性行业投资的核心因素

理论部分,我还是引用我在《理性的投资者》一书中关于周期股投资方法研究结果的论述:

假定无风险利率为 4% ,我们要求股权固有风险补偿后的收益率为 8% ,对于一个股票其合理的市盈率为 12.5,我们取其中一只典型股票,如果每股收益为 1 元,股票价格为 12.5 元。

现在预期明年该股每股收益翻倍,为 2 元,市场认为确定性为 100% ,在这个预期出来之前,该股票的合理股价为 12.5 元,但是预期出来以后,我们可以知道明年该股票的合理股价为 2×12.5 元 $= 25$ 元。那么股价是不是在今年一直保持合理的价格 12.5 元,等明年业绩出来后直接跳涨到 25 元的新合理价格呢?当然不会。股价的变化一定是一个连续的过程。

这种预期使得股票的股价不会保持在今年业绩的合理估值 12.5 元,明年股价会达到 25 元的合理价格的强烈预期使得投资者今年就开始大量买进,形成溢价,但是这种高于现在合理股价的市场定价机制又是合理的,没有一个资本面对一年 100% 利润空间的机会无动于衷。

所以,周期股和成长股的股价定价机制不是根据公司当年的业绩进行所谓的"合理估值",而是根据投资者对未来预期下的业绩进行估值,反应在股价上面就是成长股的市盈率特别高。确定性越强,投资者给出的溢价越坚决,确定性的预期有几年就根据这几年的最后一年业绩确定一个股价,然后按照投资者期望的复合收益率折现到现在,这就是当年的成长股股价。资本会一直买进,直到该股票预期的增长空间和投资者预期的年复合收益率相近为止。周期股也是一样的,其股价也是由市场对未来一两年的业绩预期决定的,而不是当年的业绩。

确定性越强,业绩预期的时间越长,该股票当年的溢价越大。盈亏同源,如果成长股杀估值,也不是杀当年的业绩,而是杀预期期间的估值。当初确定性越强、预期成长时间越长的股票杀起来也最凶残。所以,我们看成长股的股票定价,核心是确定性的强弱、成长性的高低、成长时间的长短以及市场的认可程度。

我们来计算,假定明年业绩兑现股价为25元,资本会买到什么时候停止呢?假设投资者预期的符合收益率为10%,用"今年股价 × (1 + 10%) = 25元"计算得到今年的股价为22.72元,这个22.72元就是今年的合理股价,这个价格之前,资本会推动股价从今年12.5元持续上涨。

我们需要注意的是市盈率杠杆的问题,假定当年企业盈利1亿元,那么市值为12.5亿元,次年盈利为2亿元,市值为25亿元,我们看到因为市盈率杠杆的存在,资本的收益远超企业利润的增加,这也是资本搞好企业经营活动的动力所在,也是很多"炒股"的公司在牛市时候业绩暴增的源泉。

在实际的股市,股票价格的合理价格计算一直是一个动态的过程,受三个因素的影响,股票市场的合理估值基准线、投资者预期的复合收益率和可预期的企业经营收益变化情况。这样我们就可以理解为什么市场上很多成长股有很高的市盈率,因为这个估值不是针对当年的业绩计算的。

我们理解了成长股的股价在三重因素影响下的定价机制,推而广之,所有的股票,成长股、价值股和周期股都是一样的。在周期股的投资中,企业的业绩出现反差极大且具有规律性的变化,基于企业未来业绩的预期对股票价格的形成具有相当大的影响,这一点必须注意到。

我们每个投资者都有有限的理性,根据"立足当下,展望未来"的情况决定自己的买卖,从而形成这种基于业绩预期的股价形成机制。

虽然说价值决定价格,但是每时每刻的价格又是由交易双方决定的,驱动交易双方买卖的正是对未来的预期。周期股和成长股因为未来的业绩和当前的业绩有较大的差异,所以这种预期的力量就会特别强大,股价的波动就会特别强烈,出现超跌和超涨都很正常。

2. 市净率和毛利率是周期性行业拐点的常用指标

我们以券商行业指数基金为例,大家看下面两张图:

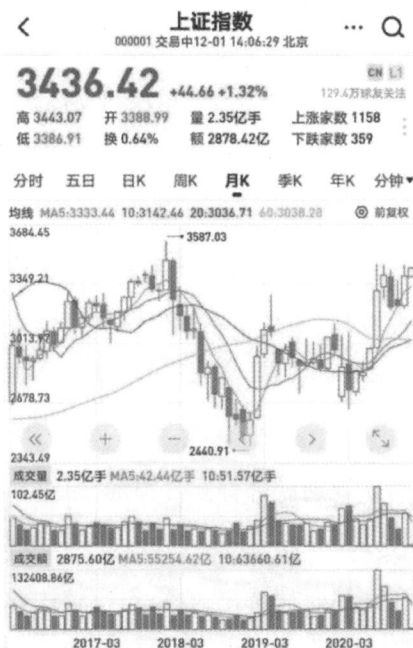

上证指数的月 K 线图　　　　　　券商 ETF 的月 K 线图

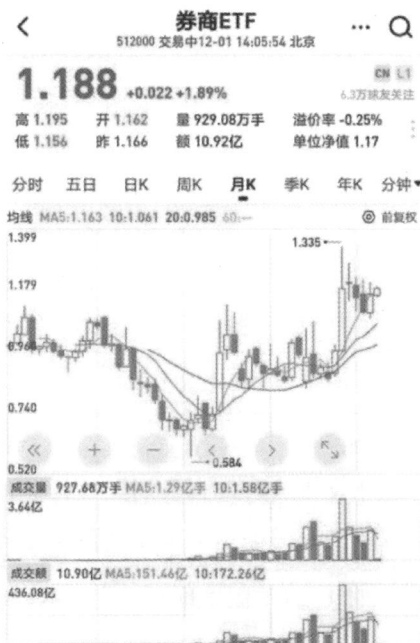

两张图的图形相似度很高,作为大盘冷暖的晴雨表,在股市交易量放大的时候,券商整体收益良好,这种情况一般是股市比较乐观,持续上涨的时候。

在行业好的时候,行业盈利很高,估值也不错,资产价格大幅度上涨,而在另一些时间段,行业盈利很低,估值也很差,资产价格大幅度下跌,两个时间的比较中,资产价格相差几倍,甚至十几倍都很常见。

我们还应该注意到,券商 ETF 的走势会提前于大盘一段时间,这就是周期股投资中预期的力量。

那么,在周期性行业的投资中,我们在行业低谷的时候买进,在行业最好的时候卖出,是不是就能得到良好的收益呢?

我们先看一个简单的虚拟周期性公司:公司净资产 5 亿元,每年生产商品甲 1 亿公斤,直接成本每公斤 1 元,不考虑其他费用。作为周期股,在行业周期低估的时候,每公斤零售价格为 2 元,盈利 1 亿元,公司市值为 20 亿元,市盈率为 20,市净率为 4。

现在到了周期顶部,公司净资产还是 5 亿元,每年生产商品甲 1 亿公斤,直接成本每公斤 1 元,但是每公斤零售价变成了 5 元,公司盈利 4 亿元,但是公司的市值现在变成了 80 亿元,同样涨了四倍。这个时候我们再看估值指标,市盈率还是 20,市净率为 16。

我们前面讲过投资周期股的核心是判断周期的趋势,什么指标好用就用什么指标。通过上面的案例我们清楚地看到,市盈率不能反映周期的变化,而周期性公司的净资产一般是稳定的,我们通过市净率能更清楚看到周期的位置。

事实上,很多时候,周期性行业的公司在周期底部都是亏损的,市盈率是负数,没法计算,而市净率还能继续使用。

那么,对于周期性行业,市净率整体较高的时候卖出,在市净率整体较低的时候买进,这是一个不错的策略。我们也可以参考估值指标的历史百分位,在市净率分位值较高的时候卖出,在市净率分位值较低的时候买进。

这里分位值表示当前估值在历史中所处的位置。一般来说,我们认为分位值越低,估值也越低。在宽基指数中我们使用最多的是市盈率,但是在周期性行业的投资中(股票和指数基金),我们更多使用市净率。因为在周期性行业中,资产的价格强烈受资产周期变化的预期影响,而不是当前的资产损益。

除了市净率,还有一个重要的指标:毛利率。周期性行业最大的特征是产品价格呈周期性波动,产品的市场价格是企业盈利的基础。在市场经济情况下,产品价格形成的基础是供求关系,而不是成本,成本只是产品最低价的稳定器。

在财务指标上,因为成本的相对稳定,产品价格具有周期性的变化,所以企业的营业收入、净利润、资产周转率等均有明显的周期性。但是我认为核心的指标是毛利率,因为它直接反映了企业产品市场供求关系的冷暖。

当一个周期性行业中大多数的企业毛利率很低的时候,行业中的竞争极其激烈,大多数公司都挣扎在盈亏线上,这时我们买进行业指数,往往会有不错的收益。

市净率也好,毛利率也好,投资周期性行业指数基金的核心是"周期",对行业发展趋势的变化判断至关重要。我们怎么判断一个行业是不是好转了呢?我觉得有三个很好的观察角度。

一是对行业进行持续的跟踪,掌握行业的动态变化。

二是看行业的公司总体数据,这个行业大多数的公司都在亏损,甚至个别公司破产的时候,那么股价一定是处在比较低的位置。

三是注意关注相关行业的先行指标。比如,大宗商品复苏前的波罗的海指数一定会增强。类似的还有重卡(重卡销量)对于基建的先行指示,水泥对于建材行业的指导作用。我们看相关的参数一定要多个指标联动起来看,不要根据孤证做判断。

从一个完整的流程看,当市场预期发生改变的时候买进,享受业绩兑现的持续上涨,在业绩顶点、市场情绪高涨的时候卖出,这就是一个完整的周期性行业指数基金的投资方法。

所以,在周期性行业指数基金的投资中,估值或许并不是最重要的,判断趋势的变化方向才是重中之重。

第六节　策略指数基金的投资方法

第四章的主题是"指数基金的估值"，但是在周期性行业指数基金和策略指数基金这两节中我没有重点讲估值，而是讨论投资方法。

从数学计算上看，估值需要自由现金流的大小、自由现金流的时间和自由现金流对应的折现率三要素。但是从思维的本质讲，估值是一种判断投资标的投资价值的思维方式，是直接服务于投资决策的。

因为周期性行业指数基金和策略指数基金的特殊属性，我们从价值的角度讨论投资方法，比直接建立模型去计算一个数字更有意义。估值原本就不是为了给投资者提供一个价值计算公式的。

策略指数基金估值的特殊性在于策略指数基金的估值方法和策略本身紧密相关。指数基金采取的策略是宽基性质的还是成长性质的，或是周期性质的，这些决定了策略指数基金具体的估值方法。

所以，对于策略指数基金的投资方法，其核心是理解策略本身。当一个投资者深入了解了策略指数基金的投资价值，自然就能对它恰当分类，使用我们前面所述的估值方法。

这部分内容在本书第二章第三节"因子投资和 Smart Beta"中有过详细的论述。

在对策略指数基金估值的时候，首先要考虑的就是策略，或者说因子，还有逻辑是不是足够强，然后考虑市场环境的发展变化趋势，最后才是根据基金的特点和相关的估值数据，采用合适的估值模型进行估值。

至此，指数基金估值系列全部结束。

第五章

常见的指数基金

在讲完指数基金的估值后,本书最主要的内容已经结束,这一章我把主要的指数基金类型中的一些经典指数拿出来给大家做个介绍。

第一节　投资中常见的指数

经过多年的发展,目前我国的指数基金市场产品非常丰富。中证指数有限公司官网把指数按照系列分为了中证系列指数、上证系列指数、深证系列指数、中华交易系列指数、新三板系列指数和 AMAC 系列指数等。查询指数的数量,我们发现中证系列指数有 1 511 个,上证系列指数有 316 个,深证系列指数有 6 个,新三板系列指数有 10 个,中华交易系列指数有 13 个。

除了这种分类,按照资产类别还可以分为股票类指数、债券类指数、基金类指数、期货类指数、多资产指数和其他指数。按照指数分类,可以分为综合指数、规模指数、行业指数、风格指数、主题指数、策略指数、综合债指数、信用债指数、利率债指数、可转债指数和其他指数。按照地区覆盖,可以分为境内指数、境外指数和跨境指数。按照指数币种,可以分为人民币指数、港元指数、美元指数、欧元指数和瑞郎指数。按照是否定制,可以分定制指数和非定制指数。

有了指数之后,基金公司可以开发相应的指数基金,理论上,每个指数都可以对应无数的指数基金。随着金融市场的进一步完善发展,指数基金投资者面临的产品越来越多,怎么才能在浩如烟海的产品中迅速组建适合自己的指数基金组合呢?

我觉得,在投资的过程中,先选指数、后选基金是比较好的思路,因为指数基金的表现基本上是由指数决定的,和基金经理的关系不大。选好指数后我们再根据指数基金的规模、费率和跟踪偏差选择合适的指数基金即可。

但是在这样的思路下,投资者也面临很大的障碍,因为可选的指数实在太多了,所以我们有必要对一些常见的指数做一个介绍,大家可以跟踪自己喜欢的指数估值,当指数估值低的时候可以根据自己的投资组合建仓。

20210610	指数类型	PE	PE百分位	PB	PB百分位	股息率	ROE	指数代码
标普价值	策略	6.00	13.22%	0.61	7.43%	5.07%	10.11%	SPACEVCP
上证红利	策略	6.19	9.08%	0.70	0.36%	5.64%	11.26%	SH000015
标普红利	策略	6.26	9.12%	0.73	0.72%	5.60%	11.66%	CSPSADRP
中证红利	策略	7.13	12.80%	0.84	0.80%	4.82%	11.77%	SH000922
国证地产	行业	8.11	5.23%	1.10	0.33%	3.60%	13.60%	SZ399393
神奇公式	策略	9.57	12.20%	1.71	9.44%	2.25%	17.91%	CSI930949
国证A指	宽基	18.96	65.28%	1.96	60.88%	1.56%	10.35%	SZ399317
中证煤炭	行业	10.94	45.11%	1.22	52.18%	3.79%	11.14%	SZ399998
中证银行	行业	6.52	57.99%	0.74	9.44%	4.78%	11.29%	SZ399986
300红利LV	策略	8.33	49.20%	0.97	18.84%	3.72%	11.62%	CSI930740
基本面50	策略	9.46	55.84%	1.10	18.68%	3.34%	11.62%	SH000925
300价值	策略	8.13	29.68%	0.95	8.08%	3.87%	11.64%	SH000919
德国DAX	宽基	33.39	89.62%	1.83	87.75%	2.36%	5.49%	GDAXI
中证传媒	行业	35.45	29.38%	2.65	14.72%	1.34%	7.48%	SZ399971
全指信息	行业	58.00	57.03%	4.42	66.17%	0.60%	7.62%	SH000993
证券公司	行业	21.07	26.19%	1.75	36.83%	1.09%	8.29%	SZ399975
中证500	宽基	25.66	17.76%	2.16	30.92%	1.25%	8.40%	SH000905
全指可选	行业	33.82	87.69%	2.88	73.84%	1.43%	8.51%	SH000989
科创50	宽基	76.14	51.29%	6.89	45.56%	0.29%	9.05%	SH000688
恒生指数	宽基	13.79	93.16%	1.29	59.28%	1.97%	9.35%	HKHSI
中国互联	行业	51.75	68.64%	5.09	9.35%	0.16%	9.84%	CSIH11136
中概互联50	行业	49.49	53.15%	5.06	13.18%	0.15%	10.23%	CSIH30533
香港中小	宽基	18.14	93.41%	1.91	98.83%	2.27%	10.55%	SPHCMSHP
国企指数	宽基	12.62	94.16%	1.38	81.48%	1.59%	10.95%	HKHSCEI
50AH优选	策略	11.54	89.40%	1.27	88.13%	1.73%	10.98%	SH000170
上证180	宽基	12.30	79.00%	1.38	56.04%	2.42%	11.20%	SH000010
恒生科技	行业	44.56	57.75%	5.16	3.29%	0.16%	11.57%	HKHSTECH
沪深300	宽基	14.45	86.00%	1.69	73.80%	2.03%	11.66%	SH000300
上证50	宽基	12.34	91.08%	1.45	70.80%	2.38%	11.76%	SH000016
MSCI中国	宽基	16.04	82.84%	1.89	95.49%	1.77%	11.76%	CSI716567
中证100	宽基	12.82	83.88%	1.54	70.60%	2.42%	11.99%	SH000903
深证成指	宽基	29.61	74.76%	3.58	92.44%	1.02%	12.09%	SZ399001
央视50	策略	11.03	91.11%	1.43	63.06%	2.97%	12.96%	SZ399550
基本面120	策略	23.08	87.80%	3.02	91.96%	1.48%	13.09%	SZ399702
全指医药	行业	44.71	79.77%	5.86	92.91%	0.62%	13.10%	SH000991
基本面60	策略	23.03	91.88%	3.09	95.32%	1.51%	13.41%	SZ399701
TMT50	行业	39.06	37.48%	5.27	81.28%	0.70%	13.48%	SZ399610
MSCI印度	宽基	29.77	99.80%	4.01	99.80%	1.28%	13.48%	935600
创业板	宽基	62.72	83.16%	8.48	92.08%	0.40%	13.52%	SZ399006
标普500	宽基	32.40	91.86%	4.49	99.69%	1.29%	13.84%	SP500
新经济	策略	39.70	89.68%	5.53	93.50%	0.53%	13.93%	HKHSSCNE
科技龙头	行业	46.05	38.86%	6.74	68.14%	0.55%	14.65%	CSI931007
深证100	宽基	30.66	93.52%	4.58	97.92%	1.03%	14.94%	SZ399330
养老产业	行业	24.36	52.48%	3.74	86.27%	1.18%	15.36%	SZ399812
医药100	行业	44.76	85.74%	6.97	97.63%	0.60%	15.58%	SH000978
深证红利	策略	18.65	84.76%	3.04	91.84%	2.00%	16.38%	SZ399324
消费红利	策略	33.03	86.16%	6.15	69.58%	2.28%	18.63%	CSIH30094
主要消费	行业	42.68	98.15%	9.13	96.40%	1.08%	21.41%	SH000932
食品饮料	行业	52.75	97.14%	11.60	97.09%	0.96%	21.99%	SZ399396
中证医疗	行业	49.69	20.10%	11.51	94.42%	0.38%	23.17%	SZ399989
中证白酒	行业	58.57	97.30%	13.87	96.40%	0.74%	23.68%	SZ399997
纳指100	宽基	35.81	93.73%	8.76	98.54%	0.60%	24.45%	NDX
十年期国债	3.13%							贫民窟的大富翁

2021 年 6 月 10 日部分基金估值图

上图是我在 2021 年 6 月 10 后收盘后根据各个指数估值情况做的估值表。关于这张表需要说明的地方有 8 个。

(1)最下面一行是十年期国债收益率,默认投资的无风险收益率,是投资的基数。

（2）PB 百分位小于 25%，且 PE 百分位小于 25%，且 PE 小于 12，全部放在一起，显示浅灰色，认为低估。

（3）PB 百分位大于 70%，或者 PE 百分位大于 70%，或者 PE 大于 20，全部放在一起，显示深灰色，认为高估。

（4）其余基金放在一起显示白色，放在中间，每个颜色部分按照净资产收益率大小从低到高排序。

（5）百分位为 X% 表示基于历史数据，当前的投资价值比历史上（100 − X）% 的时候高。百分位基数指数由十年的历史数据组成，不足十年则采取全部历史数据。

（6）本排序主要基于 PE，但是对于部分金融、周期等行业基金并不适用。相关基金看 PB 数据更好。

（7）因为红利税的原因，H 股和恒生指数的估值指标最低也得乘以1.25才能和 A 股比较，切记。本数据未做修正。

（8）本数据图来自于网络，涂色规则为本人自定，仅供参考，不构成任何实际投资建议。

在指数基金的投资中，我只需要定期关注一下这张基金估值图，就可以轻易判断市场的走势，帮助自己做好投资的决策。大家也可以建立类似的估值表，把自己喜欢的指数加进去，定期更新即可。后面我将为大家介绍一些我常用到的指数，为方便论述，考虑到日常用语习惯，本章中指数基金和指数将不做区别，都指的是指数。

第二节　常见的宽基指数

宽基指数是指数基金投资者投资的开始，是指数投资者收益的基准。宽基指数投资规则简单、清晰，对于指数基金投资者学习也非常友好，我们就从宽基指数开始介绍我们常用的指数品种。

一、上证 50 指数

上证 50 指数以上证 180 指数样本为样本空间,挑选上海证券市场规模大、流动性好的最具代表性的 50 只证券作为样本,综合反映上海证券市场最具市场影响力的一批龙头企业的整体表现。该指数已纳入截至 2018 年 9 月 30 日的 IOSCO 金融基准原则鉴证报告范围。

上证 50 指数,简称上证 50,指数代码 000016,该指数以 2003 年 12 月 31 日为基日,以 1 000 点为基点。

上证 50 指数以上证 180 为指数样本,对样本空间内的证券按照过去一年的日均总市值、日均成交金额进行综合排名,选取排名前 50 位的证券组成样本 。

指数计算公式为:

$$报告期指数 = \frac{报告期样本的调整市值}{除数} \times 1\,000$$

其中,调整市值 $= \sum($证券价格 $\times$ 调整股本数$)$。

指数样本每半年调整一次,样本调整实施时间分别为每年 6 月和 12 月的第二个星期五的下一交易日。每次调整的样本比例一般不超过 10%,定期调整设置缓冲区,排名在 40 名之前的新样本优先进入,排名在 60 名之前的老样本优先保留。

按照 2021 年 5 月 31 日的数据,上证 50 的前十大权重股分别为贵州茅台,主要消费行业,权重 14.63%;中国平安,金融地产行业,权重 10.21%;招商银行,金融地产行业,权重 9.46%;兴业银行,金融地产行业,权重 4.41%;中国中免,可选消费行业,权重 4.29%;恒瑞医药,医药卫生行业,权重 4.23%;隆基股份,工业行业,权重 3.54%;伊利股份,主要消费行业,权重 3.23%;中信证券,金融地产行业,权重 2.92%;药明康德,医药卫生行业,权重 2.81%。

上证 50 指数最为显著的一个特征是以大盘蓝筹股为主,成份股的市值规模大,经营情况相对稳定。绝大多数成份股都是所在行业中盈利能力最强的一批个股。这里蓝筹股是指长期稳定增长的、大型的、传统工业股及金融股。"蓝筹"一词源于西方赌场,在西方赌场中,有三种颜色的筹码,其中蓝色筹码最为值钱。证券市场上通常将那些经营业绩较好,具有稳定且较高的现金股利支付的公司股票称为"蓝筹股"。

当然,上证50的成份股都是在上交所上市的公司,不包含深交所的公司,这点要注意。

上证50还有个特点:它的金融地产板块占比过半,稳定性强。在2021年5月31日的数据中,金融地产占比42.9%,主要消费占比20.1%,医药卫生占比8.1%,可选消费占比6.7%,工业占比8.6%,原材料占比4.3%,能源占比2.2%,电信业务占比1.4%,信息技术占比5.5%。

在金融地产板块中,我们进一步分析,查看该指数2021年5月31日的成分权重表,其中地产行业只有保利地产,占比1.26%。保险行业有中国平安,占比10.21%;中国人保,占比0.17%;中国太保,占比1.55%;中国人寿,占比0.8%;新华保险,占比0.56%,合计13.29%。券商行业有中信证券,占比2.92%;海通证券,占比1.19%;中泰证券,占比0.11%;中信建投,占比0.43%;国泰君安,占比1.06%;红塔证券,占比0.13%;华泰证券,占比1.33%,合计7.17%。银行行业有浦发银行,占比1.58%;民生银行,占比1.32%;招商银行,占比9.46%;兴业银行占比4.41%;农业银行,占比1.23%;工商银行,占比2.4%;光大银行,占比0.8%,合计21.2%。

这样,我们就把金融地产42.9%的权重分解为地产1.26%,保险13.29%,券商7.17%,银行21.2%。这样分解的好处是我们可以从上证50指数的成份股和权重分析出它和行业指数基金的相关性,从而在构建我们自己的基金组合的时候给我们以数据的支出。比如我们通过数据分析发现上证50的金融地产板块尽管占比高达42.9%,但是地产板块的权重只有1.26%,成份股的相关性非常低,那么我们就考虑把上证50指数基金和地产行业指数基金一起建仓,而不用担心两者强相关性带来投资组合中底层资产的一致性。同样的道理,在一个健康的投资组合中,上证 50 指数基金和行业指数基金的相关性比较大,在有更好选择的条件下,投资者没必要同时给予两者较高的仓位。

截至 2021 年 6 月 14 日,在中证指数有限公司官网上查询到跟踪上证 50 的指数基金共有 30 个。其中,ETF 产品共 8 个,LOF 产品共 3 个,指数基金产品共 9 个,联接基金共 10 个,大家可以根据自己的投资时间长度,综合考虑指数基金的规模、费率和跟踪误差,选择合适的投资品种。

二、沪深 300 指数

沪深 300 指数简称沪深 300,指数代码 000300,是投资者最常见、最熟悉的指数。沪深 300 指数由沪深市场中规模大、流动性好的最具代表性的 300 只证券组成,于 2005 年 4 月 8 日正式发布,以反映沪深市场上市公司证券的整体表现。

1. 一个指数两个代码

沪深 300 指数以 2004 年 12 月 31 日为基日,每半年调整一次成份股。2021 年 6 月 14 日查询数据,沪深 300 指数成份股总市值为 446 646 亿元,在 A 股中占据重要地位,被投资者用来指代 A 股的总体市场运行情况。从收益率看,最近五年收益率为 10.96% ,最近三年的收益率为 11.93% ,还是非常不错的。很多投资者也把沪深 300 指数的收益作为判断自己主动投资是否获得超额收益的基准,可见它在投资者心中的地位。

沪深 300 指数在上海证券交易所行情系统代码为 000300,在深圳证券交易所行情系统代码为 399300。这是因为沪深 300 指数同时包括上海和深圳两个交易所的股票,所以沪深 300 在上交所的代码是 000300,在深交所的代码是 399300。这两个代码其实都是代表沪深 300 指数的。

2. 沪深 300 指数的规则

对于任何的指数基金,我们要关注的核心是怎么选择成份股以及如何给成份股赋权,具体就是指数的样本空间、选样方法以及更新方法。

沪深300指数的样本空间由同时满足以下条件的非ST、＊ST沪深A股和红筹企业发行的存托凭证组成:科创板证券:上市时间超过一年;创业板证券:上市时间超过三年;其他证券,上市时间超过一个季度,除非该证券自上市以来日均总市值排在前30位。

有了样本空间就开始选样,沪深300指数样本是按照以下方法选择经营状况良好、无违法违规事件、财务报告无重大问题、证券价格无明显异常波动或市场操纵的公司:对样本空间内证券按照过去一年的日均成交金额由高到低排名,剔除排名后50%的证券;对样本空间内剩余证券,按照过去一年的日均总市值由高到低排名,选取前300名的证券作为指数样本。

指数计算公式为:

$$报告期指数 = \frac{报告期样本的调整市值}{除数} \times 1\,000$$

其中,调整市值 $= \sum (证券价格 \times 调整股本数)$。

指数计算中的调整股本数系根据分级靠档的方法对样本股本进行调整而获得。要计算调整股本数,需要确定自由流通量和分级靠档两个因素。

这里涉及两个概念,一个是自由流通量,一个是分级靠档。自由流通量是为反映市场中实际流通股份的变动情况,沪深300指数剔除了上市公司股本中的限售股份,以及由于战略持股或其他原因导致的基本不流通股份,剩下的股本称为自由流通股本,也即自由流通量。常见的限售股份包括四种:公司创建者、家族、高级管理者等长期持有的股份;国有股份;战略投资者持有的股份;员工持股计划。

上市公司公告明确的限售股份和上述四类股东及其一致行动人持股达到或超过5%的股份,均被视为非自由流通股本。

由此,我们可以得到自由流通量的计算方法:

自由流通量 =样本总股本 - 非自由流通股本。

中证指数有限公司根据多种客观的信息来源估算自由流通量。

分级靠档是指中证指数有限公司在计算沪深300指数时,根据自由流通量所占样本总股本的比例(即自由流通比例)赋予总股本一定的加权比例,以确保计算指数的股本保持相对稳定。

即,自由流通比例 = 自由流通量 ÷ 样本总股本,

调整股本数 = 样本总股本 × 加权比例。

沪深 300 指数样本的加权比例按照下表确定:

沪深 300 指数分级靠档表

自由流通比例(%)	≤15	(15,20)	(20,30)	(30,40)	(40,50)	(50,60)	(60,70)	(70,80)	>80
加权比例(%)	上调至最接近的整数值	20	30	40	50	60	70	80	100

分级靠档实例表

证券	证券 A	证券 B	证券 C
A 股总股本	100 000	8 000	5 000
非自由流通股本	91 000	4 500	900
自由流通量 = A 股总股本 − 非自由流通股本	9 000	3 500	4 100
自由流通比例 − 自由流通量/A 股总股本	9.0%	43.8%	82.0%
加权比例	9%	50%	100%
加权股本	9 000	4 000	5 000

为保证指数的连续性,当样本名单发生变化、样本的股本结构发生变化、样本的市值出现非交易因素的变动时,沪深 300 指数根据样本股本维护规则,采用"除数修正法"修正原除数。

3. 需要修正的情况

需要修正的情况有以下两种。

第一种,当样本公司发生可能影响证券价格变动的公司事件时,这分为除息除权两种情况。

除息,凡有样本除息(分红派息),沪深 300 指数不予修正,任其自然回落;沪深 300 全收益指数、沪深 300 净收益指数在样本除息日前按照除息参考价予以修正;

除权,凡有样本送股、配股、拆股或缩股时,在样本的除权基准日前修正指数,按照新的股本与价格计算样本调整市值。修正后调整市值 = 除权报价 × 除权后的调整股本数 + 修正前调整市值(不含除权证券)。

第二种,当样本公司发生引起股本变动的其他公司事件时。

当样本股本发生由其他公司事件(如增发、债转股、期权行权等)引起的股本变动累计达到或超过 5% 时,对其进行临时调整,在样本的股本变动日前修正指数。修正后调整市值 = 收盘价 × 变动后的调整股本数。

当样本股本发生由其他公司事件引起的总股本变动累计不及 5% 时,对其进行定期调整,在定期调整生效日前修正指数。

对于长期停牌处理的证券,沪深 300 指数的编制方案也给出了具体的解决方法。在定期审核样本资格时:

至数据考察截止日已连续停止交易超过 25 个交易日且仍未恢复交易的样本,如果落入候选剔除名单,则原则上列为优先剔除证券。

至数据考察截止日连续停止交易接近 25 个交易日且仍未恢复交易的样本,由专家委员会讨论决定是否列为候选剔除证券。

若剔除证券处于停牌状态且停牌原因为重大负面事件,则以 0.00 001 元价格剔除,若其在距生效日至少一个交易日前复牌,则变更为最新收盘价并公告。其他情况则以停牌前收盘价剔除。

对于新上市的公司、财务亏损证券的处理,收购合并、分立、退市、破产、实施风险警示等公司的处理,沪深 300 指数的编制方案也给出了具体的方法。

当我们对沪深 300 指数的编制方案有了深度的研究,我们才能掌握这个指数的基因,对它的涨跌变化、投资价值的判断才能做到胸有成竹。最后我们再去分析这个指数的十大权重股,分析它的行业权重分布,也就做到了知其然并知其所以然。

沪深 300 共有 300 只成份股,覆盖了沪深两市多个行业,行业分布均匀,抗行业周期性波动强,市场覆盖率高,抗市场操纵性强。并且每半年调整一次成份股,成份股基本面优势强,是机构投资者乃至整个市场的投资取向标杆。

作为 A 股市场的王牌指数,跟踪沪深 300 指数的指数基金非常多。2021 年 6 月 14 日,在中证指数有限公司官网查到的指数基金共有 157 只,可见这只指数的重要性。

三、科创 50 指数

自改革开放以来,我国经济增速维持了近 30 年的高速增长,但在很长一段时期中,中国的经济主要是处于"旧动能"驱动的粗放型发展过程中,"旧动能"是经济的主要驱动力。然而 2010 年开始人口红利逐渐消退,旧动能的弱化加大了经济下行压力,过去简单粗放的增长模式难以为继,我国经济增速也开始放缓,整体呈现出 L 型的走势。

当前,我国经济正处于由高速增长转向高质量发展的关键阶段,而新旧动能的迭代与转换是实现高质量发展的内在动力源泉。从 2015 年开始,我国支持科技创新的政策就已陆续出台。自我国实施创新驱动发展战略以来,企业创新能力和效率得到了明显的提升,但在较多的高精尖领域我国与欧美发达国家市场仍存在一定程度的差距,因此我国经济在转型升级的过程中仍然需要全方位多层次地科技突破。

自 2018 年 11 月,习近平总书记在进博会上宣布在上交所设立科创板并试点注册制改革以来,科创板开板进程加速推进,仅用数月时间科创板上市制度正式落地。科创板的设立有助于促进资本市场更好地支持实体经济和科技创新,实现金融经济共生共荣。从资本市场表现看,在当前全球货币低增长、低通胀、低利率的"三低"环境中,赛道长、盈利(分子)稳定性以及成长性的价值会更加突出,科技板块是未来发展的关键性要素。

为集中体现科创板核心上市公司股价表现,上交所和中证指数公司推出"上证科创板 50 成份指数",简称"科创 50"。7 月 23 日,科创 50 指数实时行情发布,指数以 2019 年 12 月 31 日为基日,基点为 1 000 点,采用自由流通股本加权。

上证科创板 50 成份指数样本空间由满足以下条件的科创板上市证券（含股票、红筹企业发行的存托凭证）组成：

(1)上市时间超过 6 个月：待科创板上市满 12 个月的证券数量达 100 只至 150 只后，上市时间调整为超过 12 个月；

(2)上市以来日均总市值排名在科创板市场前 5 位，定期调整数据考察截止日后第 10 个交易日时，上市时间超过 3 个月；

(3)上市以来日均总市值排名在科创板市场前 3 位，不满足条件 2，但上市时间超过 1 个月并获专家委员会讨论通过。

存在以下情形的公司除外：

(1)被实施退市风险警示；

(2)存在重大违法违规事件、重大经营问题、市场表现严重异常等不宜作为样本的情形。

上证科创板 50 的选样方法为：

(1)对样本空间内的证券按照过去一年的日均成交金额由高到低排名，剔除排名后 10% 的证券作为待选样本；

(2)对待选样本按照过去一年的日均总市值由高到低排名，选取排名前 50 的证券作为指数样本。

从行业权重分布看，截至 2021 年 7 月 2 日，信息技术行业占比 51.82%，医药卫生占比 17.74%，合计占比为 69.56%，体现了鲜明的科创特色。可见，科创 50 指数的行业分布与纳斯达克 100 有较大相似，科创 50 指数成份板块在科技强国战略背景下的表现值得期待。

从盈利能力和估值水平看，按照 2021 年 6 月 10 日的估值看，科创 50 的市盈率为 76.14，净资产收益率为 9.05%，而纳指 100 指数的市盈率为 35.81%，净资产收益率为 24.45%，这是因为纳指 100 的成份股较为成熟，都是世界知名的大公司，诸如苹果、微软、谷歌、思科、英特尔等。科创 50 的成份股，截至 2021 年 7 月 2 日，前十大成份股分别为金山办公、中芯国际、传音控股、中微公司、容百科技、石头科技、澜起科技、康希诺、华润微、天奈科技,对于这些大多处于发展阶段初期且科技创新行业公司的净利润具有爆发性特点的公司,我们很难通过财务数据去估值,只能通过市场空间,甚至逻辑本身去理解它的价值。

如果投资中国科技创新的未来,科创板 50 指数主要定位于吸引符合国家战略、突破关键核心技术、市场认可度高的科技创新企业,是一个绕不开的宽基指数品种。

四、中证 500 指数

中证 500 指数由全部 A 股中剔除沪深 300 指数成份股及总市值排名前 300 名的股票后,总市值排名靠前的 500 只股票组成,综合反映中国 A 股市场中一批中小市值公司的股票价格表现。中证 500 指数是 A 股市场中盘风格的代表指数,与沪深 300 指数成份股没有重叠,具有规模风格互补性。

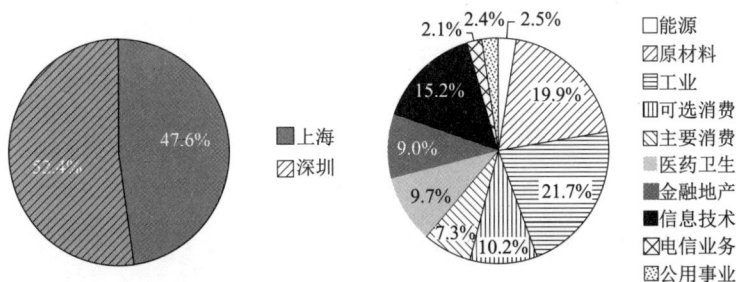

2021 年 6 月 30 日,中证 500 指数上市交易
所权重分布(左)和行业权重分布(右)图

我们来看 2021 年 6 月 30 日中证 500 指数的上市交易所权重分布和行业权重分布。由于中证 500 指数在编制时剔除了沪深 300 指数样本股,因此样本池中不会出现市值过大的超大盘股。中证 500 指数的行业分布均衡、集中度较低,不容易受个别行业的过大影响。此外,中证 500 指数在编制时选择的是样本池中市值排名靠前的 500 只股票,这确保了中证 500 指数成份股都具有相对较高的市值与较好的流动性,涵盖了大部分的细分行

业龙头与优质标的。因此,可以说与汇集了众多一线"白马龙头"的沪深300 指数不同,中证 500 指数成份股更多属于细分行业龙头。

同时,中证 500 指数具有成长和创新的风格特征,拥有较高的成长性和较大的发展空间。在未来中国逐渐转向创新驱动发展的过程中,中证 500 指数不仅能够获得国家对科技创新领域的政策支持和新经济行业本身快速增长的红利,还能够享受龙头公司在经济转型与集中度提升下的竞争优势。

从历史表现情况来看,中证 500 指数的指数表现具有较大的弹性,在 2009 年"四万亿"政策刺激下的经济回升趋势中,中证 500 指数最高收获了 112% 的涨幅,远远好于沪深 300 的 57%、上证综指的 56.5% 以及创业板指;在 2016 年供给侧改革推进下带来的经济回暖中,中证 500 指数的利润增速也远超沪深 300、上证综指与创业板指等板块。

因为中证 500 指数和沪深 300 指数具有风格的显著差异性,市场表现也有很大不同,具有非常重要的风格配置价值。

五、中证科创创业 50 指数

2021 年 6 月 1 日,中证指数公司发布科创板及创业板第一只跨市场指数——科创创业 50 指数,引发了市场的高度关注。中证科创创业 50 指数从科创板和创业板中选取市值较大的 50 只新兴产业上市公司证券作为指数样本,以反映上述市场中代表性新兴产业上市公司证券的整体表现。

样本空间上,中证科创创业 50 指数的样本空间由满足以下条件的科创板、创业板上市的股票和红筹企业发行的存托凭证组成:上市时间超过一个季度,除非该证券自上市以来的日均总市值在沪深市场中排名前 30 位、非ST、*ST 证券。加权方式上,指数采用自由流通市值加权,同时引入权重因子,权重因子介于 0 和 1 之间,以使单个样本权重不超过 10%,单个板块权重占比不超过 80%。

在行业分布上,科创创业 50 指数成份股集中于新一代信息技术、生物医药、新能源等战略新兴行业,凸显了科创板和创业板注重创新驱动的板块特征。

同为高科技、创新型企业提供融资支持的板块,科创板和创业板在市场定位、板块特征等方面存在一些不同。创业板市场,是专门为暂时无法在主板上市的创业型企业、中小企业和高科技产业企业等提供融资途径和成长空间的证券交易市场,是对主板市场的有效补给。与中小板股票相同,创业板股票也为深市股票,其代码以 300 开头。

科创板,主要服务于符合国家战略、突破关键核心技术、市场认可度高的科技创新型企业,其成份股均为沪市企业,代码以 688 开头。根据《上海证券交易所科创板企业上市推荐指引》,保荐机构应当优先推荐以下企业:新一代信息技术、高端装备、新材料、新能源、节能环保以及生物医药等高新技术产业和战略性新兴产业的科技创新企业;互联网、大数据、云计算、人工智能和制造业深度融合的科技创新企业。

由此可见,科创板和创业板企业具有鲜明的科技创新特征,科技和研发在该类企业的经营过程中占据尤为重要的角色。与创业板相比,创业板更多偏向传统产业与新技术、新产业的融合,而科创板则更注重"硬科技",两个板块虽然都聚焦于科技创新,但各有侧重、互相补充。

科技创新是一个永恒的话题,回顾人类发展的历史,其本质就是一部科技创新的历史。继 20 世纪 80 年代以来的互联网科技革命进入尾声之后,我们正进入以 5G 通信、人工智能、区块链等为代表的新一轮科技产业革命,积极参与新一轮的科技革命是我国经济发展的必由之路。科创板与注册制下的创业板为大批科技创新型公司的融资提供了便利,未来双创板也必将激励、孕育出一大批代表着中国新经济发展方向的优质企业,成为中国未来科技巨头的摇篮。

在科技创新企业的发展中,企业的专业性很强,企业经营往往取决于创新研发的进展,外部投资者很难对企业的未来形成有效的判断。从交易规则看,科创板的准入门槛较高,涨跌幅度限制更大,日内波动大,对投资者的心理承受能力要求较高。而在退市方面规定的情形更多,标准更严,这些客观上都增加了对个人投资者的投资要求,那么通过投资指数基金的形式享受科技创新行业发展的红利就是更好的一种方式。

中证科创创业 50 指数这样一个横跨科创板及创业板的宽基指数,充分代表了 A 股市场中科技创新行业的发展方向,具有重要的资产配置价值。

六、纳斯达克 100 指数

纳斯达克 100 指数是一只长牛宽基指数,该指数由在纳斯达克股票市场上市的、市值最大的 100 只美国国内及国际非金融行业股票构成。该指数代表了包括计算机硬件与软件、电信、零售、生物科技在内的主要产业的整体表现。有关标的指数具体编制方案及成份股信息详见纳斯达克网站,网址:www.nasdaq.com。

1. 纳斯达克指数的编制规则

样本空间方面,纳斯达克 100 指数旨在衡量在纳斯达克上市的 100 家最大的非金融公司的表现。选样方法上,指数成份股调整每年进行一次,届时所有符合资格的发行人按市值排名,根据以下标准依序纳入指数:排名前 75 的发行人将被选入指数;在成份股调整参考日前已成为指数成员并且跻身前 100 名的发行人也将被选入指数;若通过前两项标准的发行人数量不足 100,则剩余位置将首先从上次成份股调整中名列前 100 但本次排名为第 101~125 位的当前指数成员中选取;若通过前三项标准的发行人仍不足 100,则剩余位置将按名次由排名前 100 且截至参考日期未成为指数成员的发行人填补。

截至 2020 年 6 月 30 日,纳指 100 指数中,信息技术产业占比 44.52%,通信服务行业占比 17.97%,非必需消费品行业占比 15.76%,保健行业占比 6.72%,必需消费品行业占比 4.49%,工业占比 1.88%,公用事业占比 0.64%。前十大公司分别为苹果、微软、亚马逊、谷歌－C、特斯拉、谷歌－A、Facebook Inc－A、英伟达、PayPalHoldings Inc、英特尔。

2. 纳斯达克指数部分成份股介绍

我们简单看一下其中的几个公司。苹果公司是美国科技龙头,主营消费电子产品、计算机软件和在线服务。

微软由比尔·盖茨与保罗·艾伦共同创办,是世界 PC(Personal Computer,个人计算机)软件开发的先导。公司总部设立在华盛顿州的雷德蒙德(Redmond,邻近西雅图),以研发、制造、授权和提供广泛的电脑软件服务业务为主。

亚马逊总部位于美国华盛顿州的西雅图。它创立于 1995 年,目前已成为全球商品品种最多的网上零售商和全球第三大互联网公司,在公司名下,还包括了 Alexa Internet、a9、lab126、和互联网电影数据库(Internet Movie Database,IMDB)等子公司。

谷歌成立于 1998 年 9 月 4 日,被公认为全球最大的搜索引擎公司。谷歌是一家位于美国的跨国科技企业,业务包括互联网搜索、云计算、广告技术等,同时开发并提供大量基于互联网的产品与服务,其主要利润来自于 AdWords 等广告服务。

特斯拉是一家美国电动汽车及能源公司,产销电动汽车、太阳能板及储能设备。特斯拉首席执行官埃隆·马斯克表示,特斯拉努力为每一个普通消费者提供其消费能力范围内的纯电动车辆;特斯拉的愿景,是加速全球向可持续能源的转变。

Facebook 于 2004 年 7 月在特拉华州注册成立,是全球最大的社交网络网站,公司提供各种工具,使用户能够连接、分享、探索,并与对方在移动设备和电脑进行通信。

英伟达成立于 1993 年,是一家以设计智核芯片组为主的无晶圆 IC 半导体公司,是全球可编程图形处理技术领袖,专注于打造能够增强个人和专业计算平台的人机交互体验的产品。除了 GPU 制造,英伟达现在也专注于人工智能领域。

PayPal 于 1998 年 12 月由 Peter Thiel 及 Max Levchin 建立,是一个总部

在美国加利福尼亚州圣荷塞市的在线支付服务商。秉持着"普惠金融,服务大众"的企业理念,致力于提供普惠金融服务,通过技术创新与战略合作相结合,资金管理和移动创造更好的方式,转账、付款或收款提供灵活选择,帮助个人及企业参与全球经济并获得成功。

英特尔是计算创新领域的全球领先厂商,设计和构建关键技术,为全球的计算设备奠定基础。1968 年,罗伯特·诺伊斯、戈登·摩尔和安迪·格鲁夫在硅谷共同创立了英特尔公司。超过 40 年的发展,英特尔公司在芯片创新、技术开发、产品与平台等领域奠定了全球领先的地位,并始终引领着相关行业的技术产品创新及产业与市场的发展。英特尔的愿景是:未来十年创新和扩展计算技术,连接世界上每一个人,让生活变得丰富多彩。

经过长期的发展,纳斯达克 100 指数包含了众多科技创新公司,这些公司引领世界科技发展,对当今社会的发展具有重要影响力。由此纳斯达克 100 指数也成为基金投资者必须重视的一个指数。

七、恒生指数

恒生指数(HSI)是香港最早的股票市场指数之一。恒生指数于 1969 年 11 月 24 日公开推出,目的是成为反映香港股票市场整体表现的指标。为了更好地反映市场主要行业板块的价格走势,恒指成分证券分为金融、公用事业、房地产和工商 4 个板块。选股范围为指数检讨数据截止日的恒生综合大中型股指数成份股,不包括外国公司、合订证券及股票名称以「B」结尾的生物科技公司。

该指数由恒生银行全资附属的恒生指数服务有限公司编制,最初是以中国香港股票市场中的 50 家上市股票为成份股样本,以其发行量为权数的加权平均股价指数。该指数于 1969 年 11 月 24 日首次公开发布,基期为 1964 年 7 月 31 日,基期指数定为 100。

为了跟上时代的发展,恒生指数做过多次改动:2013 年 11 月,更新候选资格下的选股范畴;2015 年 1 月,新增房地产信托投资金至选股范畴,更新指数比重上限;2016 年 4 月,新增停牌处理方法;2016 年 6 月,更新选股范畴,更新指数比重上限,新增股权高度集中公司不符合候选资格的政策;2019 年 9 月,更新选股范畴,更新恒生分类指数的行业配对表以反映恒生行业分类系统的变动;2020 年 6 月,新增同股不同权公司至选股范畴及其比重上限;2020 年 9 月,更新成份股数目,更新指数代码。

恒生指数公司宣布了《优化恒生指数持续成为香港市场最具代表性和最重要的市场基准之建议》的咨询总结。根据 2020 年 12 月提纲,恒生指数还将继续优化。

(1)扩充行业的代表性。根据每个行业组合的目标覆盖率(如市值、成交额等)来挑选成份股。恒生指数公司提出,原材料业、工业、必需性消费、非必需性消费和医疗保健业的覆盖率相对低,金融行业覆盖率过高。这意味着优化过程中可能减少一些金融股,增加其他行业的代表公司。

(2)扩大市场覆盖率,提出扩大恒指成份股从目前的 55 只提升至 80 ～ 100 只。恒生公司提出 2022 年中目标为提高成份股至 80 只。

(3)迅速纳入大型上市新股。通过上市历史要求将缩短至 3 个月,恒指可以加速纳入最新的大型 IPO,可能吸引更多企业在香港上市。

(4)保持香港公司代表性。由于恒指应该代表香港市场,指数公司将维持被分类为香港公司的成份股在一定数量。

(5)对所有恒生指数成份股采用 8% 的权重上限。

综合起来看,为了更好地反映中国经济及港股市场结构性变化,恒指可能会延续过去几年的趋势,增加新经济股在指数中的比重。从 2010 年至 2020 年,新经济板块在恒指中的比例从 15.4% 上升至 31.8% ,大量科技股的纳入令恒生指数的波动性更大,但同时也有了更强的生命力。

八、恒生国企指数

恒生国企指数又叫 H 股指数,H 股也称国企股,指注册地在内地、上市地在香港的中资企业股票。H 股为实物股票,实行"T ＋0"交割制度,无涨跌幅限制。

恒生国企指数的设立初衷是为投资者提供一个反映在香港上市的内地企业的股价表现的指标,其成份股代表了中国优质企业。随着越来越多优质内地企业在港上市以及港股政策、投资者结构对中概股回归的欢迎态度,恒生国企指数对中国优质企业的代表性越来越强,其标的的独特性也使其成为越来越重要的对 A 股形成补充的优质资产。

恒生国企指数于 1994 年 8 月 8 日首次公布,原以 1994 年 7 月 8 日为基数日,当日收市指数定为 1 000 点。基准日后来更改至 2000 年 1 月 3 日,基准日指数为 2 000 点。该指数从市值和流动性角度选择前 50 家内地企业,每季度调整一次。

样本指数空间为香港交易所主板上市的证券,不包括合订证券、外国公司、股票名称以"B"结尾的生物科技公司以及根据香港交易所主板上市规则第 21 章上市的投资公司。

在选样方法上:地域上为内地证券;上市历史要求至少一个月;流动性要求投资类指数的换手率测试(每月换手率为 0.1% 或以上);挑选方法为综合市值排名最高的 50 只证券会被选为成份股;成份股数目固定为 50 只;缓冲区设定为排名 61 名以下的现有成份股将从指数中剔除,排名 40 名或以上的证券将加入指数,最终成份股剔除数目和证券新增数目,将按综合市值排名决定,以维持成份股数目于 50 只;加权方法为流通市值加权;成份股比重上限:每只成份股 8% 。

2018 年以前,恒生国企指数中金融行业股票的总市值甚至超过 70% 。但自 2018 年开始,随着腾讯加入指数,指数的科技占比升至 10% 以上,而随着 2020 年 9 月 7 日的成份股调整,纳入了小米集团、美团点评和阿里巴巴,剔除了国药控股、比亚迪股份和中信证券,指数的科技占比快速升高,权重近 25% ,总市值比重超过 40% 。

从 2018 年以来加入和剔除恒生国企指数的成份股的行业归属情况来看,加入科技、电讯(通信)行业的个股目前总市值最高,金融行业净减少市值最大,且被剔除的数量最多,指数金融占比减少的趋势十分明显。国企指数的互联网属性明显增强,指数的金融属性进一步降低,使指数整体能更好地反映在香港交易所上市的中资企业情况。

在对恒生国企指数的研究中我们应当注意,这里的国企并非指国有企业,而是中国大陆的企业。

第三节　常见的行业指数基金

在宽基指数的基础上,我们再看一些常见的行业指数基金。行业指数基金相比较宽基指数在选股上具有显著的聚焦性,其表现和行业的特性紧密相关,在暴露更多风险的同时也为投资者提供了更多的配置选择。

一、中证白酒

在行业指数基金中先讲中证白酒是因为这个行业指数基金非常特殊,在前面的基金估值表中,我们看到中证白酒的净资产收益率高达23.68%,仅次于纳指100的24.45%。作为消费品行业,这个净资产收益率说明中证白酒行业指数是一个内生性非常强的行业指数。当然它的估值也非常高,中证白酒指数从2014年2月份的1 579低点到2021年2月的21 663高点,7年涨了13.7倍,为投资者带来了丰厚的收益,值得我们深入研究。

中国是卓立世界的文明古国,是酒的故乡。在中华民族五千年的历史长河中,酒和酒文化一直占据着重要的地位,酒已经深度融入了人们的精神生活。魏晋诗人刘伶创作的《酒德颂》有言:"幕天席地,纵意所如……兀然而醉,豁尔而醒;静听不闻雷霆之声,熟视不睹泰山之形,不觉寒暑之切肌,利欲之感情。俯观万物,扰扰焉,如江汉之载浮萍;二豪侍侧焉,如蜾蠃之与螟蛉。"传神地表达了中国传统文化中酒的精神。

一直被有意无意忽视的事实是,我们历史文化中的国粹一直是黄酒。

黄酒是糯米酿的,白酒主要是杂粮酿的。现在的市场主角是红酒和白酒,黄酒特别少,而且挤不进去。人们心理上也是比较推崇红酒和白酒,而黄酒一直处于冷落的状态,很多人对黄酒没有太多的了解。

传统的四大名酒又称国家级名酒,它们分别是贵州茅台酒、山西汾酒、四川泸州老窖、陕西西凤酒。贵州茅台酒代表的是酱香型,山西汾酒代表的是清香型,四川泸州老窖代表的是浓香型,而陕西西凤酒则代表凤香型。

要了解当今的白酒市场格局,就必须先说说国家评酒会与八大名酒的由来。

1. 国家评酒会与八大名酒

新中国成立以来,共进行过五届全国性评酒会。1952 年举行第一届评酒会,由中国专卖总公司负责组织,除啤酒外的其他各酒种参加。1963 年举行第二届评酒会,由中国轻工业部负责组织,参加评酒酒种:白酒、啤酒、黄酒、葡萄酒、果露酒。1979 年举行第三届评酒会,由中国轻工业部负责组织,参加评酒酒种同第二届。人们常说的八大名酒常指 1979 年第三届评酒会评选出的八种:茅台酒、汾酒、五粮液、剑南春、古井贡酒、洋河大曲、董酒、泸州老窖特曲。

自第四届起,全国评酒会由中国食品工业协会负责组织,分酒种进行。1983 年举行黄酒、葡萄酒评选,1984 年举行白酒评选,1985 年举行啤酒、果露酒评选。

第五届评酒会由中国食品工业协会负责组织,1989 年举行白酒评选。其他各酒种没有组织评选。第五届评酒会对于"浓香型白酒",规定了己酸乙酯含量由第四届的上不封顶改为上限每 100 毫升 250 毫,结束了多年来评比时"以香取胜"的局面。评酒会将香型分为浓香、清香、米香、酱香、其他香五类,并细分了其他香型,由第四届四个类别增加到了六个(药香、豉香、兼香、凤型、特型、芝麻香)类别,新增的两个类别分别是以江西省四特酒为代表的特型酒和以江苏梅兰春及山东景芝白干为代表的芝麻香型。芝麻香型具有较成熟的生产工艺,尤其是在同香型的产品中,首创麸曲酒超过大曲酒的一个创新品种,推动了其他香型白酒的发展,具有十分积极的意义。

需要说明的是:第一,酒评会不仅仅包括白酒,最近几十年白酒的发展碾压其他酒类,其实白酒在历史上的主导地位不是很长;第二,酒评会的评比是一个发展的过程,不能说明一切。

白酒和其他产品不一样的地方在于,作为发酵型产品,不同香型的白酒有很大的差异性。比如说酱香型酒的特点是"酱香突出、幽雅细腻、酒体醇厚、回味悠长",浓香型酒的特点是"窖香浓郁、绵甜甘冽、香味协调、尾净香长",清香型酒的特点是"清香纯正、诸味协调、醇甜柔口、余味爽净",米香型酒的特点是"蜜香清雅、入口绵柔、落口爽净、回味怡畅"。这种产品的客观差异性使得它们各自有忠实的消费群体,彼此之间并不存在严格的价格战,所以这个行业的竞争格局其实非常好。

白酒作为传统行业,也是一直在发展的,过去的发展可以分为两个阶段:"吃香"和"吃味",所谓"吃香",就是注重白酒的香味、香型;所谓"吃味",就是更加注重白酒的味道、口感。

2003 年 8 月,洋河规避以浓香、酱香、清香等香型区分白酒的传统手法,在总结提炼出一整套优质白酒特征优点、工艺要求、微量成分等理论后,创造了一种全新的品类"绵柔型白酒"。

当初洋河酒厂经营不善,为了打开市场,公司通过对 4 325 人次目标消费者口味测试、对 2 315 人次目标消费者饮后舒适度试验,综合分析后得出结论:白酒在人们交际中发挥着重要作用,有时单人的饮用量比较大。消费者饮用白酒后最大的不适感主要是头痛,其次是口干舌燥。白酒消费市场迫切需要开发"低而不淡、高而不烈、饮后舒适"的新产品。

以此为突破口,洋河股份发展了"绵柔型白酒"。绵柔风格浓香型白酒产品具有"甜、绵、软、净、香"的绵柔型风格,它不强调香型,强调口感,满足消费者顺口、大饮用量下不良反应小的需求。并在产品包装上打破红黄主调的老传统,将蓝色固化为产品标志色,实现了产品视觉上的差异化。

产品分为三种:海之蓝、天之蓝、梦之蓝,档次与价格依次从低到高。

伴随着经典广告词"世界上最宽广的是大海,比大海更高远的是天空,比天空更博大的是男人的情怀",这个崭新的品类逐渐得到了越来越多消费者的青睐。

白酒作为差异性产品,其成功的关键就在于摸清消费者心理,所以酒厂都喜欢讲出身,讲历史,增加消费者对自己的认同感。

2. 白酒的出身

乾隆年间,泸州酿酒世家"温永盛"将老窖从 4 口发展到 14 口,温家大曲酒的质量和数量达到鼎盛期。此时,为保证商誉和质量,温家定下一条族规:"温家后代不得随便挖建新窖。"这一规矩一直延续到 1949 年。

这一族规蕴含了浓香型大曲酒的传统酿造之秘。川南俗谚说,"千年老窖万年糟,酒好须得窖池老"。一口泥窖相当于一个隔绝氧气的生化发生器,便于依赖厌氧菌的己酸乙酯的生成——这种成分含香量较高且香气突出,正是构成浓香型风格的主体成分。越老的窖,窖泥中繁衍的微生物和微生物产生的香味物质也就越多,酒香越浓。

古窖泥里的微生物是厌氧菌,离开了原来的生存环境,这些微生物会长出"芽孢",芽孢处于暂时的应激休眠状态。只有回到原来的环境,才会生长出新的微生物。尽管如今菌种提纯、培养繁殖可以利用科技手段,但微生物种群所需的自然地理环境是无法全部复制的。这样的古窖池就成了浓香型白酒强大的护城河。

如果在地图上把川酒"六朵金花"和茅台连接起来,会有一个有趣的发现:从北向南剑南春、沱牌曲酒、全兴大曲、泸州老窖、五粮液、郎酒、茅台可以形成一个高脚酒杯,宜宾五粮液、泸州老窖恰在杯腹最精华的部分。这是对我国传统的"川南黔北"酿酒带的一个象形化注解。

一个解释是,川西产浓香型白酒,北方产清香型白酒,而四川以南的贵州产酱香型酒的因素是气温。北方平均温度低,产低温曲,发酵时间短,生产清香型的酒。浓香型一般是中温和中高温蓄槽发酵,酱香型则是高温曲堆积发酵。川南地区长年封闭和湿热的气候适于酿酒微生物繁衍,这一带制作的大曲,皮薄、菌丝分布均匀,有益微生物种类繁多,曲香扑鼻,可为酿制优质酒提供充足"动力"。

除了窖池和气候,酿造的技术也很重要,比如五粮液的现代原料配方:高粱36%,大米22%,糯米18%,小麦16%,玉米8%,最终生产的时候还要根据季节、气温等进行微调。

在历史的进程中,白酒的生产既一脉相承,又因为各自自然环境、酿造工艺的差异而相互区别、各自改进和标准化,最后形成了全国各地不同类型白酒百花齐放的结果。

3. 白酒的"百花争鸣"

酒是嘴里的东西,一年看广告,二年看营销,五年看品质。至于品牌,就是品质、定位和广告的三合一,久久为之,善作善成。

先说贵州茅台。茅台酒的生产原料主要是高粱和小麦,其中高粱为主粮,小麦为大曲原料,比例一般为1∶1。高粱必须是粒小皮厚的赤水河畔特色糯高粱,以红缨子高粱品种为主。酱香型白酒出酒率低,有"5斤粮1斤酒"的说法。由于赤水河环境的珍贵,茅台镇微生物环境的稀缺,茅台酒因此产量也有限。

茅台酒的制造过程,从原料进厂到成品出厂,主要包括选料、制曲、酿酒、陈酿、勾兑、检验和包装几个重要环节,共计有30道工序,165个工艺环节。由于工序繁且复,工时慢且长,茅台酒成为在异地不可代工、相同区域也不可复制的"民族精品"。

茅台酒的勾兑流程首先要选定存放到期的1~7轮次酒,按照茅台酒口感质量要求,按标签次、复鉴定确认、类别选定、勾小样、小样调和记录、加增陈年老酒并记录、小样送检或复审小样成功、按比例换算勾兑各种酒数量、按计算量对照分类、种类酒相互调和混为一体,勾兑成型。

全过程原汁原味按7个轮次基酒贮存,以酒勾酒,不添加水在内的其他物质。根据不同轮次、不同酒度、不同香型、不同酒龄,可演变100多种基酒酒样。依据不同轮次、不同酒龄、不同典型体、不同酒度可以分为100多种基酒组合。最后由茅台首席勾兑师坐镇,经过复杂的勾兑工艺,勾调出具备"幽雅细腻"风格的茅台酒。茅台酒这种"酒勾酒"的做法,极大地保障了它幽雅醇厚、馥郁饱满的酒质和纯天然无添加的绿色属性,也将茅台酒的度数稳定地保持在了53%这一黄金比例。

在茅台公司有个著名的4个服从:当产量与质量发生矛盾时,产量服从质量;当成本与质量发生矛盾时,成本服从质量;当效益与质量发生矛盾时,效益服从质量;当速度与质量发生矛盾时,速度服从质量。高质量不一定能成功,但是成功,特别是长久的成功,特别是高端品牌的成功,质量绝对是一个必要因素。

茅台酒的核心工艺是回沙工艺,即9次蒸煮、8次发酵、7次取酒。由于产出7个轮次的基酒,也可以称为"7次精酿"。茅台酒主体香成分不详,故无法复制和异地生产。据现有的技术权威检测,目前已发现茅台酒的香味成分有1 400多种。

茅台酒贮存时按酒型贮存,基酒车间生产的1~7轮次酒入库后,经感官评定分香级、等级后,按不同等级、不同轮次,入库装坛分型贮存。轮次酒必须经过3年以上的贮存才可进行勾兑。勾兑检验合格后,还要存放半年才能包装出厂,前后时间加起来,最短也要经过5年时间。

2019年12月24日,茅台集中开工12个项目,总投资158亿元,分布在全省5个市、区、县,涉及生态环保、生产设施、上下游产业、民生工程等多个领域,建成后,将实现茅台酒、系列酒产能两个5.6万吨、习酒产能5万吨,包装、仓储、物流、原料等配套保障能力空前提升。

我认为茅台的核心竞争力有四个:第一,酱香特殊的工艺使得其产能受限制较小,相比较浓香型白酒,可以通过产能优势做大单品提高市占率,降低期间费用率,形成比较优势;第二,公司视质量为生命,坚持质量第一,坚持工匠精神,坚持"崇本守道,坚守工艺,贮存陈酿,不卖新酒",工匠精神出好酒,茅台的品质在中国所有企业的产品里面首屈一指;第三,公司高超的营销策略。产品定位、文化宣传都是绝对的经典,即使以营销著称的洋河也无法比肩;第四,强大的经营商团队,经营商不仅是茅台生态链的重要一环,茅台的经营商本身在各个地方的资源就很强大,卖酒能力无与伦比。

再看看泸州老窖。"浓香的局限是时间,茅台的局限是空间"。茅台的扩产,最难的是找到具备同样风土条件的地方建厂。而浓香酒质量的好坏,要取决于窖池时间的长短。由时间雕琢出来的老窖池,是再多金钱也无法复制的,是泸州老窖最宽广的护城河。

泸州老窖拥有 440 年窖池 4 口、300 ~ 400 年窖池 94 口、200 ~ 300 年窖池 344 口、100 ~ 200 年窖池 1 177 口,百年以上窖池合计 1 619 口,垄断了全国浓香型名酒企业 90% 以上的老窖池。公司拥有全国唯一被确定为省级文物保护单位的老窖池群,这些酿酒窖池始建于 1 573 年。窖池的年龄决定了优级酒的出酒率。20 年以内新窖一般产不出优级品好酒,20 ~ 50 年的可以生产 5% ~ 10% 的优级品好酒,50 年以上的才能产出 20% ~ 30% 的优级品好酒,百年以上老窖优级品率更高。

浓香型白酒的特殊酿造过程决定了在生产高端酒的同时,必然会有大量的中低端白酒产生,这是五粮液和泸州老窖无法像贵州茅台那样专注高端酒市场的根本原因。

说到白酒,五粮液是绕不过的话题。五粮液的前身本叫"姚子雪曲",后因其以 5 种粮食酿制而成,遂名曰"五粮液"。从医学上看,五粮液的 5 种原料:高粱、大米、糯米、小麦、玉米,有着各自不同的特点和功效。五粮液这 5 种原料配方经过千年演变,最终形成了 5 种原料的科学配比,即:高粱 36%、大米 22%、糯米 18%、小麦 16%、玉米 8%。

在将这 5 种粮食所富含的各种微量有益成分转化到五粮液酒里面的过程中,五粮液传承至今的我国现存时间最长(600 多年)的地穴式古窖池群以及五粮液独有的"包包曲"工艺起到了中间载体的作用。也就是说,正是这两个重要的微生物载体,使得五谷杂粮充分发酵成为五粮液。

"千年老窖万年糟,酒好须得窖池老"。酒质的好坏与窖龄的长短有直接关系。因为窖池中富含多种微生物和微量元素,随着岁月的增长,这些物质不断地向窖池深处繁殖渗透,最终形成了保障良好酒质的古窖池。所以,窖龄越长,生产出的酒质越好,酒的香味物质就越多。而在发酵过程中,五粮液使用了独有的"包包曲"(曲块成"包包"状,与其他浓香型大曲酒使用的平板曲有明显不同)工艺,这有利于酯化、生香和香味物质的累积,特别是对酒产生陈味有独到功用。

目前,运用高科技检测技术,在五粮液酒里面已检测出有益物质高达数百种。可见,科学合理的原料配方、精湛的酿造工艺和历经数百年的古窖池等独有优势,造就了五粮液的高贵品质。

最后介绍一下洋河股份。洋河股份创新发展出了"绵柔型白酒",产品分为3种:海之蓝、天之蓝、梦之蓝,档次与价格依次从低到高。

"绵柔型白酒"以多种粮食为主要酿造原料,采用高温制曲、老窖低温缓慢发酵、量质低温接酒、陶坛长期陈化老熟、分等贮存、微机调味、精心勾调等传统工艺和现代科技,其主要特点如下。

首先是多粮酿造和科学配伍。酿酒原料为高粱、大米、糯米、小麦、玉米等多种粮食。不同的原料通过微生物发酵和生化作用,产生不同的微量芳香物质,赋予白酒不同的风味特征。原料配比是绵柔风格的物质基础。

其次是高温制曲。绵柔风格白酒制曲原料以小麦、大麦为主,发酵顶火温度约为60 ℃ ~63 ℃,并经过约40天的发酵和3~6个月的长期储存。水分的散失导致酵母和杂菌数减少、菌种纯化以及酸度降低。上述高温曲可使酒醅发酵缓慢,同时赋予成品酒特有的曲香。

还有就是泥池老窖发酵。绵柔风格浓香型白酒采用泥池老窖作为发酵容器,通过酒醅与窖泥接触,使酒的香气更加突出,味感更加丰富。

最后是特殊的生产工艺措施。主要包括原辅料清蒸、低温入池、缓慢发酵、发酵周期长、低温接酒、以专用陶坛在酒窖中陈化老熟和精心勾调等。

随着时间的流逝,浓香型窖池的优质基酒产能必然逐步增加,时间是浓香型白酒的朋友。洋河的"绵柔"能走多远,仍将面临市场的持续考验。

中国的白酒属于蒸馏酒,它同酿造酒、配制酒在生产方式、口味等方面都有很大的区别。白酒符合中国人的口味和消费习惯,具有特定的消费对象。世界上其他种类的蒸馏酒如白兰地、威士忌、兰姆酒、金酒及伏特加等由于生产原料不同,口味差别非常大,难以瓜分中国白酒市场;再者中国人的饮酒习俗具有民族特色,不会轻易改变。因此,白酒市场将不会受到国际市场很大的影响。

白酒并非完全同质化产品,它们存在着口味、香型和情感认同的差异,因此行业内几乎看不见恶性价格竞争(尤其是高端),市场参与者更多地利用产品差异性特点吸引消费者,从而整体性获得高毛利率。独特的窖池、气候和地域限制,强大的心智占领和差异性的产品体验造成了中国白酒市场的持续繁荣。

根据国家统计局数据,2019 年,全国规模以上白酒企业完成酿酒总产量 785.95 万千升,同比下降 0.76%;实现销售收入 5 617.82 亿元,同比增长 8.24%;实现利润总额 1 404.09 亿元,同比增长 14.54%。这说明在白酒整体市场饱和的情况下,少喝酒、喝好酒成为共识,投资中高端白酒仍然在相当长时间内能够为投资者带来丰厚的收益。

查阅中证白酒指数编制方案,中证白酒指数从沪深市场中选取涉及白酒生产业务相关上市公司证券作为指数样本,为投资者提供了更多样化的投资标的。该指数以 2008 年 12 月 31 日为基日,以 1 000 点为基点。

4. 白酒行业未来的发展展望

据中国酒业协会发布消息,2021 年全国酿酒行业规模以上企业酿酒总产量 5 407 万千升,同比增长近 4%;销售收入 8 687 亿元,同比增长 14%;利润总额 1 949 亿元,同比增长 31%。去年规模以上企业的酿酒总量虽然同比微增,但和疫情前的 2019 年相比,依然呈下降趋势。国家统计局数据显示,2019 年,全国酿酒行业规模以上企业酿酒总产量为 5 590 万千升。

显然,酿酒行业是典型的夕阳行业,但是行业整体盈利能力大大增强,优势企业尤其吃香。这里的关键点是行业竞争格局以及行业发展环境。行业需求确实下降了,但是行业竞争不那么激烈了,优势企业的市占率持续提高,加上"价格占停止"带来的定价能力,反而实现了量价齐升。行业发展环境随经济发展变化,喝好酒、少喝酒成为越来越多人的共识,所以中低端酒确实在衰退,但是高端酒市场却在蓬勃发展。

截至 2021 年 6 月 24 日,该指数的十大权重股分别是五粮液、贵州茅台、山西汾酒、泸州老窖、洋河股份、酒鬼酒、今世缘、口子窖、古井贡酒、水井坊,这 10 个白酒股合计占比为 92.24% ,对中证白酒指数的影响极大。这10 个白酒股在行业内也是发展最好的白酒公司,可知中证白酒行业指数是可以获取该行业发展红利的利器。

二、中证银行

银行的商业模式包含 4 个关键词:利息收入、非利息收入、利息费用、风险准备金。我们用公式表述就是:银行的收益 = 利息收入 + 非利息收入 - 利息费用 - 风险准备金 = 利差收益 + 非利息收入 - 风险准备金,这里利差收益 = 利息收入 - 利息费用。

传统的银行业一边以较低的存款利率从社会上吸收存款形成自己的负债,一边以较高的贷款利率把吸收的存款放贷给需要融资的客户,从而赚取中间差额,这就是利差收益,也叫作净利息收入,它是银行最基本的收入来源。当然,银行的利差并非全部依赖存贷款,银行也向其他银行拆放资金,或投向高等级债券等,这些业务都能赚取净利息收入。

在揽储和放贷的基础业务上,银行还衍生出一些"中间业务",中间业务对应的收入就叫"中间业务收入"。中间业务收入的大头主要是"手续费及佣金收入",比如刷卡手续费、咨询顾问费、托管费等。

在传统的银行、证券、保险和信托的金融结构中,银行的地位最重要,国民经济的绝大多数业务都离不开银行。随着经济的增长,货币的发行量也随着增长,银行的业务本身就建立在货币的流动当中,经济越发达,货币的流通量和流通速度越快,银行的潜在收益就越高。从这个角度讲,银行是一个永续性的行业,是一个和宏观经济紧密相关的行业。

对于传统银行,非利息收入占比较低,利差主要受监管政策和同业竞争影响,风险准备金由放贷业务质量决定,这两者都和宏观经济有关。

从这个商业模式,我们可以看出银行的周期性受宏观经济的影响较大。当经济处于下行周期,客户还款质量下降,风险准备金增加,同时国家也要降息来刺激经济,所以银行利差收益减少,银行效益就会变差。当经济好转时,国家要给经济降温,客户还款质量也变好了,银行效益就会变好。因为经济周期一直在波动,所以银行的经营成果也会周期往复。

银行从行业角度看是和国家宏观经济紧密相关的强周期行业。但是在经营中,对利差收益、非利息收入和风险准备金三个因素不同的风格形成了银行的具体企业的差异性。这里面最核心就是风险准备金,也就是放贷业务的质量。

不同的银行资产质量不同,从而内在价值不同,市场也给出了完全不一样的估值。从经营导向看,银行有三种类型。

(1)注重利差收益的银行

专注于传统"利差收益"的银行,会努力将存款成本降至最低(利息费用降低),同时严格把控贷款客户的质量,努力将业务布满不同的地区,分散贷款的风险,降低风险准备金费用。这是银行业最正统、最保险的发展模式。典型的就是四大行。像很多银行经常提出的口号"存款立行,贷款兴行",就是把重心放在利差收益上。

(2)区域性银行

典型的是一些城商行,比如宁波银行、北京银行、杭州银行等,银行的资产质量、业务量与当地经济的发展情况、当地居民的金融习惯高度相关。而且这些银行大多与当地政府、企业关系更加密切,能获取很多稳定的业务。如果当地经济发展良好,银行发展也是一帆风顺。

(3)注重非利息收入的银行

很多银行通过提高服务获取高比例的非息收入,降低经济周期对企业经营的影响。有的银行做信用卡分期,有的做移动端的互联网业务,都是其中的代表。

长期看,银行最大的风险就是放贷业务的质量,只要能控制住风险,稳步发展的,都是好银行。我们分析银行的时候,首先要分析银行的经营策略是什么,执行得怎么样,效果如何,后两者可以从财务报表看出来。零售贷款业务受周期影响较小,是各家银行都在努力发展的方向。优质的资源是稀缺的,存款是,贷款也是,怎样争取优质的客户是核心。

长期来看,银行业经营质量取决于经济体宏观杠杆(债务)效率。过去20年,我国银行业经历了一个完整的杠杆效率周期。前一个10年,经济高速增长,宏观杠杆率稳定,杠杆效率高,银行业经营量价齐升,银行属于成长股,估值高,基金超配。后一个10年,经济增速下台阶,宏观杠杆率快速上升,杠杆效率不断下行,银行业经营量升价降,银行板块不断杀估值,基金欠配。展望未来,我国经济转型升级,经济逐渐从高速增长转向高质量发展阶段。维稳宏观杠杆率已经是国家中长期目标,经济转型和金融改革也在不断推进,我国宏观债务效率企稳,未来我国银行业规模增速逐渐和名义 GDP增速看齐,息差和 ROA 逐渐企稳回升,银行业经营逐渐进入量稳价稳阶段,上市银行继续杀估值的概率低。

中期来看,银行业的景气度取决于营收增速,营收增速取决于息差趋势。息差一方面取决于终端利率对经济周期的弹性,另一方面取决于负债成本对资产收益的跟随幅度,这两者都与政策高度相关,前者主要受政策对贷款利率指导的影响,后者主要受政策对存款市场竞争格局规范的影响。

综合看,我国的银行业受益于宏观经济的稳健增长、保守的行业监管、细分盈利模式的探索和相对低估的市场价格,上市银行整体具有良好的投资价值,值得基金投资者关注。

三、中证煤炭指数

煤炭是古代植物埋藏在地下经历了复杂的生物化学和物理化学变

化逐渐形成的固体可燃性矿物。煤炭被人们誉为"黑色的金子""工业的食粮",中国富煤、贫油、少气的地理条件决定了煤炭作为中国基础能源的战略地位。在未来的很长一段时间内,煤炭仍会是我国最重要的能源矿产。

中国煤炭资源丰富,除上海以外其他各省区均有分布,但分布极不均衡。在中国北方的大兴安岭—太行山、贺兰山之间的地区,地理范围包括煤炭资源量大于 1 000 亿吨以上的内蒙古、山西、陕西、宁夏、甘肃、河南 6 省区的全部或大部,是中国煤炭资源集中分布的地区,其资源量占全国煤炭资源量的 50% 左右,占中国北方地区煤炭资源量的 55% 以上。在中国南方,煤炭资源主要集中于贵州、云南、四川三省,这三省煤炭资源量之和为 3 525.74 亿吨,占中国南方煤炭资源量的 91.47% ;探明保有资源量也占中国南方探明保有资源量的 90% 以上。

1. 煤炭的分类

在煤炭行业及公司的分析中,我们主要根据煤炭用途将煤炭划分为动力煤、炼焦煤和无烟煤三种。在价格上,不同的煤种有不同的特性。

动力煤:由于动力煤主要用于火力发电,因此动力煤定价主要以热量为基准,然后在水分、硫分、挥发分、灰分等指标的基础上进行调整,得到最终价格。从广义上讲,产生动力而使用的煤炭都属于动力用煤,动力煤的下游应用主要包括发电、建材、供热等,其中发电为动力煤和整个煤炭行业的最主要下游应用,发电量变化对动力煤的需求起到了主导作用。

炼焦煤:由于炼焦煤主要用于炼焦,因此炼焦煤定价时主要关注的煤质指标为灰分、硫分、挥发分等。灰分对煤的黏结性和结焦性都有不利影响,而硫分的影响主要体现为转入焦炭中的硫会恶化高炉操作,降低生铁质量;炼焦煤主要作为生产原料用来生产焦炭,焦炭多用于炼钢,是目前钢铁等行业的主要生产原料,目前炼焦煤 70% 的下游消费为钢铁企业,因此相较动力煤,炼焦煤的下游需求更为单一。由于炼焦煤资源相对稀缺,我国炼焦煤供给上相对依赖进口,常年处于供给紧张状态。

无烟煤: 无烟块煤和粉煤的性质和用途差异较大,因此无烟煤定价时主要关注粒度大小,其次关注灰分、硫分、挥发分、固定碳等指标。无烟煤为煤化程度最高的煤种,主要对应下游行业为电力、建材和化工。

2. 煤炭行业的发展历史

煤炭行业周期属性较强。作为典型的同质化大宗原材料,煤炭行业的发展基本遵循以下规律:经济快速增长→煤炭需求大幅增加→煤炭供不应求→煤炭价格上涨→煤炭企业利润增加→煤炭供给增加,经济逐渐衰退→煤炭消费大幅减少→煤炭供过于求→煤炭价格下跌→煤炭企业利润降低→煤炭供给减少。煤炭的需求影响煤炭价格趋势,煤炭的供给影响行业波动,在供需矛盾的作用下,煤炭行业呈现周期性波动。

通过对 2000 年到 2019 年 20 年间我国煤炭行业的发展进行分析,我们可以将 21 世纪以来中国煤炭行业分为 3 个景气阶段和 2 个萧条阶段。

第一个景气阶段(2000 年 ~ 2007 年):2001 年中国加入 WTO 以后,经济飞速发展,2000 年 ~ 2007 年均 GDP 增速超过 10% ,工业增加值增速基本保持 15% 以上,宏观经济的快速扩张拉动了对煤炭的需求,带动了煤炭行业的繁荣。

第一个萧条阶段(2008 年 ~ 2009 年 3 月):2008 年 ~ 2009 年我国经济受 2007 年美国次贷危机和 2008 年全球金融危机的影响,经济增速出现下滑,市场需求减少,煤炭行业出现供过于求的状况,煤炭企业盈利变差。

第二个景气阶段(2009 年 4 月 ~ 2011 年):这一阶段经济开始复苏,2009 年 ~ 2011 年三年间年均 GDP 增速为 9.9% ,GDP 增速又重新回到年均增长接近 10% 的高速。这一时期基础设施建设和房地产市场的火热拉动了对煤炭的需求,煤炭行业进入供需两旺的阶段。

第二个萧条阶段(2012 年 ~ 2015 年):这一阶段经济下行压力加大,GDP 增速下降到年均 7% 左右,制造业 PMI 时常下跌到 50% 荣枯线以下,市场需求减弱。这一阶段是我国煤炭行业的阵痛期,供过于求的供需错配使得煤炭价格大幅跳水。

第三个景气阶段(2016年至今):这一阶段经济下行压力加大,中国经济增速换挡,GDP增幅基本维持在6.5%左右。但经济下行的压力并没有对煤炭行业的盈利造成负面影响,反而这一阶段煤炭行业从萧条转向景气。主要是因为煤炭行业因2016年开始实行的供给侧结构性改革取得显著成效,"去产能"效果显著,随之带来煤炭价格的反弹。

3. 煤炭行业面临发展新形势

纵观2016年以来的行业发展历程,煤炭行业作为强经济周期性行业受到了政策变化的深刻影响。自2012年开始,我国宏观经济增速放缓,下游需求增速的放缓导致了我国煤炭行业产能过剩问题凸显,煤炭价格进入下降周期。到2015年时,由于煤炭价格的持续下跌,我国煤炭行业已经出现了严重的产能过剩问题,约80%的煤炭企业经营性业务发生亏损。为改善供需格局,抑制煤价下跌,2016年以来国务院及各省市出台了一系列煤炭去产能政策。

煤炭一直是中国最主要的能源,在工业化快速发展的中前期,煤炭消费在能源消费中的占比始终在70%以上。到工业化后期阶段,2012年开始,随着节能减排及大气污染防治政策的大力推进,煤炭在能源消费中的占比逐步下降,"十二五"至"十三五"期间,中国用6年时间,将煤炭在能源消费中的占比由70%降至60%以下,2018年煤炭消费比重已降至59%,2020年比重降至57%。

近年来,除了供给侧结构改革外,"碳中和"也是对煤炭行业发展影响较大的政策因素。在2020年9月22日召开的联合国大会上,中国表示将提高国家自主贡献力度,采取更加有力的政策和措施,二氧化碳排放力争于2030年前达到峰值,争取在2060年前实现碳中和。

"碳中和"是指团体或个人在一定时间内直接或间接产生的温室气体排放总量,通过植树造林、节能减排等形式抵消自身产生的二氧化碳排放,实现二氧化碳的"零排放"。要达到碳中和,一般有两种方法:一是通过特殊的方式去除温室气体,二是使用可再生能源,减少碳排放。

2020年12与12日,在联合国气候雄心峰会上,我国宣布:"到2030年,中国单位国内生产总值二氧化碳排放将比2005年下降65%以上,非化石能源占一次能源消费比重将达到25%左右。"

4. 煤炭行业发展前景分析

在"碳中和"的背景下,怎么看待煤炭行业的发展前景呢?

从我国资源储量的角度来看,2019年《BP世界能源统计年鉴》显示,我国石油查明储量为261.9亿桶,占全球的1.51%;天然气查明储量为8.4万亿立方米,占全球的4.23%;煤炭可采储量1 412亿吨,占全球的13.2%,整体呈现"富煤、贫油、少气"的资源结构。因此,从资源禀赋、能源安全和能源自主性的角度综合考虑,煤炭在我国能源消费中的地位,短时间不会下降。

但是长期看,煤炭的需求量必然是减少的。伴随风光电等非化石能源机总装机量的提升,火电占比下降,煤炭作为能源的消费量将持续下滑。

我们还需要重点考察煤炭的供给。在"碳中和"政策的影响下,由于新建矿井可采年限最低均超过50年,而随着"碳中和"背景下能源消费结构的转变,未来不确定性加强,煤炭行业投资意愿进一步下降。据国家能源局公告,新建煤矿批复数据显示,进入2020年以来,新建产能批复规模大幅下降,且新建产能主要集中于新疆地区,各地投资意愿快速减弱。

目前,我国尚存在大量的中小煤矿,中东部、西南地区存在大量产能规模60万吨以下的矿井,该部分产能合计5.23亿吨,预计2030年以前退出。产能规模90万吨及以下的矿井,广泛分布于我国东部沿海省份、东北及西南地区。这些矿井一方面开采深度基本均在800米甚至1 000米以上,高水、高瓦斯,地质环境复杂,存在大量的安全隐患;另外一方面该部分矿井资源濒临枯竭,可采年限普遍在15年甚至10年以内;同时机械化生产水平较低,开采成本较高,随着时间推演,不具备开采的经济性,预计该部分矿井在2035年以前退出,这部分产能约8.6亿吨。

随着中东部地区煤炭产能的陆续退出,最终我国煤炭产能将逐步集中于内蒙古、陕西和新疆地区。在需求逐步减少、政策的引导和经济因素的考量下,行业现有的绝大多数产能都将退出历史。未来的绝大多数煤炭企业都将退出历史舞台,只有拥有优质煤炭资源、开采成本较低、开采风险低的煤炭企业才能继续经营。煤炭公司的盈利能力将取决于未来具体时间的供给和需求矛盾,当前无法判断。

总之,"碳中和"会在需求端给行业带来明显的负面影响,但是在供给端也会有相应的收缩。一方面产能核准以及安监、环保等各类政策会抑制新增产能的扩张,另一方面,企业对煤炭产能的投资意愿也在下降,或逐步提升非煤领域的投资金额。此外,随着目前在产矿井资源的枯竭,20~30年后或出现大规模的矿井退出,也有助于平衡需求衰退对行业格局带来的冲击。

5. 煤炭行业指数基金投资价值分析

通过上面的分析,我们可以对煤炭行业的发展做出一个总体的判断:短期内行业的需求稳定,供给受到政策控制,行业的周期性减弱,煤炭企业实现稳定盈利。长期看,行业的需求萎缩,但同时供给也在减少,行业的盈利能力不明。在行业的发展变化中,大部分企业都将退出煤炭行业,只有少部分煤炭企业能够实现持续经营。

从这个思路出发,我们在对煤炭企业进行估值的时候,对于自由现金流的大小应该采取谨慎的态度。从资源储蓄角度,随着中东部地区煤炭产能的逐步退出,煤炭产能也将逐步主要集中于内蒙古、陕西和新疆地区。我们可以关注在存在资源储备优势的煤炭企业,通过中证煤炭这个行业指数基金进行投资。

中证煤炭指数从沪深市场选取涉及煤炭开采、煤炭加工等业务的上市公司证券作为指数样本,以反映煤炭类相关上市公司证券的整体表现。该指数有30个成份股,发布日期为2015年2月13日,基日为2008年12月31日,基值为1 000。

在这个行业指数的介绍中,我们的重点是分析行业。行业分析一般有3个内容:行业基本情况、行业的特征分析和行业影响因素分析。

行业基本情况主要包括行业的概述、发展历程、发展现状和市场竞争格局分析、趋势分析、行业的规模、行业的盈利水平及趋势分析、行业的可持续发展情况。通过分析我们要了解行业的历史,掌握行业的现状,预期行业的未来。

在行业基本状况的基础上,我们进一步分析行业特征,其中包括竞争特征、需求特征、技术特征和盈利特征4个方面。在实际的分析中,每个行业因为面临的发展矛盾是不一样的,从而决定性的因素也是不相同的,我们必须分析出影响行业当前发展的主要因素,才能深刻认识行业的现状,把握行业的未来。

最后是行业影响因素分析,我们做行业分析的目的是找出行业主要影响因素及行业关键成功因素等。从宏观方面来说,我们需要关注本行业与宏观经济有何关联和发展逻辑,弄清楚该行业在国民经济结构中的地位,理解与掌握宏观经济变动对该行业造成的影响。从微观方面来说,我们同时要回归到细分行业及企业层面,深入了解行业基本单元的企业。我们可以把"自上而下"和"自下而上"两种思维方式结合起来,反复推演,互相印证,最后使得自己的投资判断和实际情况偏差最小化。

投资行业指数基金最重要的就是行业分析,行业分析的具体方法可以参照《理性的投资者》一书的第三章"企业的投资价值分析"。

第四节　常见的主题基金

主题基金是集中投资于某一主题的行业和企业的基金。主题基金通常并不按照一般的行业划分方法来选择投资标的,而是根据经济体未来发展的趋势,将某一或某些主题作为选择行业和投资的标准,满足投资者对特定投资对象的个性化需求。

一、中证金融科技主题指数

中证金融科技主题指数简称金融科技主题指数,它选取产品服务与金融科技领域相关的上市公司作为样本股,相关的领域包括但不限于支付清算、网络借贷融资、财富管理、零售银行、保险、交易结算以及其他运用大数据、云计算、人工智能、区块链等信息化技术参与金融产品与服务价值链的公司,旨在反映相关领域的 A 股上市公司的整体表现。

它的样本空间同中证全指指数的样本空间类似。首先对样本空间内证券按照过去一年的日均成交金额由高到低排名,剔除排名后 20% 的证券,然后对样本空间内剩余证券,选取不超过 100 只产品与服务涉及金融科技主题相关领域的上市公司作为指数样本。指数样本每半年调整一次,样本调整实施时间分别为每年 6 月和 12 月的第二个星期五的下一交易日。权重因子随样本定期调整而调整,调整时间与指数样本定期调整实施时间相同。在下一个定期调整日前,权重因子一般固定不变。

该指数以 2014 年 6 月 30 日为基日,以 1 000 点为基点。截止至 2021 年 7 月 28 日,该指数共有 41 只成份股,前十大成份股分别为恒生电子、东方财富、润和软件、同花顺、广电运通、新大陆、拉卡拉、长亮科技、指南针和上海钢联,其中东方财富、同花顺和指南针为金融地产行业,其他 7 只股票都是信息技术行业,科技属性十足。这些成份股具有一定的规模,技术实力强,成长性较高,近年来表现优异。

以 2014 年 6 月 30 日为起点,截至 2021 年 6 月 23 日,中证金融科技主题指数年化收益率高达 13.3%,显著好于上证指数(8.6%)、深证成指(11.0%)、中证 500(8.5%)等市场指数,充分体现了中证金融科技主题指数成份股的优质性。

我们要理解这个主题指数,必须深入研究它背后的主题逻辑。金融科技主要是指由大数据、区块链、云计算、人工智能等新兴前沿技术带动,对金融市场以及金融服务业供给产生重大影响的新兴业务模式、新技术应用、新产品服务等。相关的应用领域有支付清算、网络借贷融资、财富管理、零售银行、保险、交易结算等。2020年疫情以来，线下营销活动广受影响，这极大地推进了金融行业各项业务线上化发展的进程，银行、券商、保险纷纷开启了全流程线上服务改革。我国正处于科技快速发展的阶段，叠加资本市场改革的不断深化，金融科技正迎来前所未有的发展机遇。

以保险行业为例，云计算、大数据、人工智能、区块链、物联网和基因检测等关键技术正重塑保险行业的各个环节。比如，人工智能带来保险智能化水平的提升，改善了交互体验，应用场景包括智能客服、智能核保、智能保顾、智能理赔和赋能代理人等方面。区块链在产品开发、风险防范、流程优化以及相互保险等领域具有应用价值，应用场景包括身份识别、智能合约和相互保险等方面。大数据改变了传统保险的定价、营销、核保方式，应用场景包括精准定价、产品迭代、精准营销和反欺诈等方面。

保险科技的开发和应用极大改变了保险业的生态环境，成为现代保险业基础设施建设的重要基础。国内上市险企通过构建保险价值链上下游企业的深度合作机制，打造"保险＋"生态圈（如医疗健康），立足生活场景，用更具黏性、价值和多元化的服务满足客户需求。

强大的需求和投资带来保险科技行业的繁荣，2020年美股保险科技公司掀起上市潮。2020年2月，慧择保险于纳斯达克上市，此后，SelectQuote、Lemonade 和 GoHealth，分别于5月21日、7月2日、7月15日上市。

科技和金融的结合不仅在保险行业，在银行、券商和信托部门同样应用广泛。数字时代用科技武装和赋能金融是未来时代的必然趋势。随着新一轮的科技革命和产业变革，在人工智能、大数据、区块链、云计算、物联网等技术的应用下，全球金融科技行业同样会迎来黄金发展时期。那么，未来该主题指数也将迎来自己的黄金发展期。

二、中证内地新能源主题指数

中证内地新能源主题指数从沪深市场中涉及新能源生产、新能源存储以及新能源汽车等业务的上市公司证券中选取新能源业务规模较大、盈利较好的 50 只样本作为指数样本,为市场提供多样化的投资标的。

1. 新能源行业发展现状

为了理解这个指数的投资逻辑,我们必须深入研究新能源产业的发展逻辑,这里的切入点就是"碳中和"。

"碳中和"是指企业、团体或个人测算在一定时间内直接或间接产生的温室气体排放总量,然后通过植树造林、节能减排等形式,抵消自身产生的二氧化碳排放量,实现二氧化碳"零排放"。

"碳达峰"是另一个相似的名词,是指二氧化碳排放量达到历史最高值。根据世界资源研究所介绍,碳排放达峰并不单指在某一年达到最大排放量,而是一个过程,即碳排放首先进入平台期并可能在一定范围内波动,然后进入平稳下降阶段。

在人类社会发展中,能源充当着"心脏"的角色。按能源的基本形态分类,能源可分为一次能源和二次能源。一次能源是天然能源,指在自然界现成存在的能源,如煤炭、石油、天然气、水能、太阳能等。二次能源指由一次能源加工转换而成的能源产品,如电力、煤气、蒸汽及各种石油制品等。

一次能源又可分为可再生能源和非再生能源。当前全球能源供给是以化石能源占绝对多数的体系。在发电结构当中,化石能源占比也高达63%。2019 年,全球因使用化石能源而形成的碳排放高达 330 亿吨,占碳排放总量的97%,化石能源的使用形成了严重的温室效应,世界范围内的能源结构亟须转型。

我国当前的能源结构中,煤炭占比 58%,石油占比 19%,天然气占比8%,可再生能源仅占 15%。中国海关公布的数据显示,2020 年全年进口石油 5.42 亿吨,同比增加 7.22% ;前七个月进口量为 3.2 亿吨,进口金额 7 431 亿元,比去年同期减少 21.3% 。按照这个数据计算,2020 年石油进口金额为 12 586 亿元,如果价格和去年持平,则进口金额约 15 992 亿元。由此可见,石油不仅是一个环保问题,更是我国能源安全的关键点,降低石油在我国能源结构中的占比非常重要。

国家主席习近平在 2020 年 9 月 22 日召开的联合国大会上表示:"中国将提高国家自主贡献力度,采取更加有力的政策和措施,二氧化碳排放力争于 2030 年前达到峰值,争取在 2060 年前实现碳中和。"长期来看,新能源行业将会成为未来经济发展的重要组成部分。

2021 年 3 月,国家电网发布"碳达峰、碳中和"行动方案,方案提出加快推进能源供给多元化、清洁化、低碳化,能源消费高效化、减量化、电气化。预计到 2030 年,非化石能源占一次能源消费比重将达到 25% 左右,电能占终端能源消费比重将达到 35% 以上,以新能源为主的新型电力系统是我国未来发展的主要方向。

从新能源的生产来看,以光伏和风电为主的清洁能源有很大的发展空间;从新能源的储存和应用来看,新能源汽车和储能市场都有非常好的投资机会。2020 年和 2021 年围绕新能源产业链出现了非常多的牛股。

2. 新能源相关指数分析

当前市场上已有的新能源产业方向的指数包括两大类,一是新能源综合指数,如中证新能源指数、中证内地新能源主题指数等;二是细分行业指数,如光伏产业指数、新能源汽车指数等。细分行业指数有利于投资者把握某一特定产业或环节上的投资机会,而新能源综合指数的优势则在于覆盖全产业链。

在选样方法上,中证内地新能源主题指数有四个步骤。

(1)对于样本空间内符合可投资性筛选条件的证券,选取以下新能源业务占比 30% 以上的上市公司证券作为待选样本。

第一,新能源生产:太阳能、风能、核能、生物质能、地热能、海洋能和氢能等。

第二,新能源储存与应用:新能源储存技术与装备、新能源汽车等。

(2)在上述待选样本中,按照营业利润(TTM)与归属于新能源业务的营业收入分别由高到低排名,将两项排名的算数平均数作为新能源业务体量得分。

(3)在上述待选样本中,按照扣非 ROE(TTM)由高到低排名,作为盈利能力得分。

(4)将新能源业务体量得分与盈利得分的算数平均分作为综合得分,在剩余证券中,按照综合得分从高到低排序,选取排名靠前的 50 只证券作为指数样本,不足 50 只时全部纳入。

加权方法上,按市值加权,权重因子介于 0 和 1 之间,以使单个样本权重不超过 15% ,前 5 大样本权重合计不超过 60% 。

对于新能源产业链,我的基本判断有两点:第一,新能源行业未来有巨大的市场,必将诞生一大批优秀的企业;第二,作为技术驱动型行业,单个公司甚至细分产业在整体市场中是存在一定风险的,因为我认为新能源综合指数更适合普通投资者长期持有。

三、国证新能源车电池指数

国证新能源车电池指数,简称新能电池,反映了 A 股市场中新能源车电池产业上市公司的市场表现。指数基日为 2002 年 12 月 31 日,基点为 1 000点,于 2015 年 2 月 17 日发布。新能电池指数的成份股覆盖动力电池完整的产业链,其中集中在产业链的电池生产和电池材料环节。

在样本空间上,在沪深两所上市的所有 A 股中,筛选符合以下条件的个股:非 ST 股票;上市时间超过 6 个月;公司最近一年无重大违规、财务报告无重大问题;公司近一年经营无异常、无重大亏损;考察期内股价无异常波动;公司业务领域属于新能源电池(正极材料、负极材料、电解液、隔膜等)、新能源车电池管理系统及新能源车充电桩等。

在选样方法上,首先,计算入围选样空间股票在最近半年的 A 股日均总市值和 A 股日均成交金额;其次,对入围股票在最近半年的 A 股日均成交金额按从高到低排序,剔除排名后 10% 的股票;然后,对样本空间剩余股票按照最近半年的 A 股日均总市值从高到低排序,选取前 50 名的股票作为指数样本股,样本数量不足则按实际数量纳入。

新能源车是直接受益于"碳中和"政策的确定性行业。2020 年 11 月初,国务院印发《新能源汽车产业发展规划(2021—2035 年)》,明确提出电动化、网联化、智能化成为汽车产业的发展潮流和趋势,并且相对以往定义,更新了关键零部件技术供给体系"三横"的概念,即动力电池与管理系统、驱动电机与电力电子、网联化与智能化技术。其中指出,2025 年,新能源汽车新车销售量达到汽车新车销售总量的 20% 左右。2035 年,纯电动汽车成为新销售车辆的主流,公共领域用车全面电动化。2020 年 10 月底,工信部指导、中国汽车工程学会组织编制《节能与新能源汽车技术路线图(2.0 版)》发布,预计 2025、2030、2035 年我国汽车销量中新能源汽车占比分别为 20%、40%、50% ,2025、2030、2035 年混动新车占传统能源乘用车的比例分别为 50%、75%、100% 。

新能源车的发展对于我国汽车行业具有重要意义,是我国汽车行业弯道超车的战略机遇。在传统汽车中,发动机是最重要的部件,也是汽车公司的重要护城河,我国经过多年发展,在该技术上始终落后于国际发展潮流。在新能源车的结构中,"三电"系统(即电池 + 电机 + 电控)替代了传统燃油车的内燃机、变速箱等装置,其成本占比现阶段超过了 50% ,远超燃油车动力总成,其中电池系统成本占比最高,现阶段达到了 38% 。

电池系统作为新能源汽车的核心零部件,我国汽车行业在该领域具有领先优势,诞生了宁德时代、比亚迪、孚能科技、国轩高科等优秀企业。从产业链结构来看,锂离子电池的上游原材料主要包括正极材料、负极材料、隔膜和电解液等,稀土永磁材料是指稀土元素 RE(铈 Ce,钕 Nd,钐 Sm)和过渡金属元素 TM(铁 Fe,钴 Co)形成的合金经一定的工艺制成的永磁材料,是对电机性能、效率提升较明显的基础材料。稀土永磁驱动电机由于其高功率密度比、高效率、高可靠性等优势,能够有效降低新能源汽车的重量,提高其效率,在电车电池产业中有不可替代的地位。2020 年,中国稀土产量达 14 万吨,占全球稀土总量的 58.33%。

动力电池行业具备资金壁垒高、技术迭代快的特点,龙头优势明显。电池行业还有很好的竞争格局,2020 年中国动力电池行业 CR3 为 74%,全球动力电池企业 CR3 为 66%。其中,宁德时代在 2020 年全球市占率达到 25%,连续四年装机量位于全球第一。全球头部动力电池供应商中,中国企业市占率达到了近 40%,优势十分明显。因此电池行业是一个需求增速很高、确定性很高,在国际产业分工中具有领先优势的行业,投资价值非常高。

四、中证红利

中证红利指数,简称中证红利,指数代码 000955/399922,以沪深 A 股中现金股息率高、分红比较稳定、具有一定规模及流动性的 100 只股票为成份股,采用股息率作为权重分配依据,以反映 A 股市场高红利股票的整体表现。

中证红利指数的具体选股规则可以概括如下。首先,确定指数的样本空间。样本空间由满足以下条件的股票组成:过去 2 年连续现金分红,且每年的税后现金股息率均大于 0;过去 1 年日均总市值排名在全部 A 股的前 80%;过去 1 年日均成交金额排名在全部 A 股的前 80%。然后,在样本空间内,按照股票过去 2 年的平均税后现金股息率由高到低排名,选取排名在前 100 名的股票作为指数样本股。值得一提的是,中证红利指数采用股息率因子加权计算,因此股票权重与市值没有直接关系,而是与股息率相关,即股息率越高的股票在指数中权重越大。

我们知道,对于基金最重要的有两个方面:选股和加权。红利因子在中证红利的选股和加权方面都有重要作用,这是因为分红对于投资是重要的获利方式。

西格尔对标普 500 从 1871 年到 2012 年的数据进行回测,发现股息分红是整个时期内股东收益的最重要来源。从 1871 年开始,股票实际收益率为 6.48%,股息分红收益 4.4%,资本利得收益率为 1.99%,由此引出了红利策略,这种策略也被称为狗股策略。美国基金经理迈克尔·奥希金斯在 1991 年著作《跑赢道琼斯指数》(Beating the Dow)提出了跑赢大市的投资策略:每年年初,从道指找出 10 只股息率最高的股票,平均资金买入;一年后再找出新的十大高息股,卖出不在名单的,换成新入榜单股份。随着众多专业投资者对红利因子的重视,红利策略的有效性在全球市场得到了验证,红利因子也成了广受欢迎的一种策略因子。

从海外成熟的市场表现中可以看到,高股息策略指数长期能明显跑赢市场基准指数,随着 A 股市场不断发展和日趋成熟,海外市场表现优异的高股息策略在 A 股市场同样受到投资者认可。中证红利指数表现长期来看优于沪深 300 指数及上证综指等宽基指数。特别是自 2014 年以来,红利指数相对于市场的超额收益更为明显。从长期的角度看,随着利率遐想,高股息股票将可以获得稳定的股息收益率,高股息资产将更受偏爱,高股息指数表现也将更加优异。

截至 2021 年 7 月 30 日,中证红利指数成份股的前 9 大行业包括能源、原材料、工业、可选消费、主要消费、医药卫生、金融地产、信息技术和公用事业,这些企业经营稳健,估值水平较低,现金流充沛,具有不错的投资价值。

五、中证医疗

中证医疗指数,简称中证医疗,指数代码:399989,从沪深市场中选取业务涉及医疗器械、医疗服务、医疗信息化等医疗主题的医药卫生行业上市公司证券作为指数样本,以反映医疗主题上市公司证券的整体表现。

中证医疗指数的具体选股规则可以概括如下。以中证全指样本股为样本空间,选择过去 1 年日均成交金额排名在沪深两市 A 股前 80% 的股票进行筛选,将业务涉及医疗器械、医疗服务、医疗信息化等医疗主题的股票作为待选样本。在待选样本中,按照过去一年日均总市值由高到低排名,选取排名前 50 名的股票作为指数样本(少于 50 则全部纳入)。

第七次全国人口普查结果显示:2020 年,全国 60 岁及以上人口为 26 402 万人,占 18.70% ;其中,65 岁及以上人口为 19 064 万人,占 13.50% 。与 2010 年相比,60 岁及以上人口的比重上升 5.44% 。按省份来看,全国有 16 个省份的 65 岁及以上人口超过 500 万人,其中有 6 个省份的老年人口超过了 1 000 万人。

按照联合国的标准,65 岁及以上人口占比超过 7% 就属于老龄化社会,达到 14% 就是深度老龄化社会。我国老龄化程度迅速加深,对于我国的社会经济结构有重要影响。

医疗器械领域:我国医疗器械行业增速远超全球平均水平。我国医疗器械行业起步较晚,仍处在快速发展期,医疗水平和发达国家相比仍有较大差距。但由于人口基数较大、人民生活水平不断提高、老龄化的加剧和政策的支持,我国市场增速远超全球平均水平,且市场潜力巨大。根据中国医疗器械蓝皮书,2018 年中国医疗器械市场规模约为 5 304 亿元,同比增长 19.86% ,接近全球医疗器械增速的 4 倍。

医疗服务领域:受到政策长期支持社会办医、产能转移和疫情催化的影响,行业持续高速发展,在健康体检、眼科机构、牙科机构、连锁药店等领域快速发展,出现了以通策医疗、爱尔眼科等为代表性的优秀企业。

随着经济社会的发展,人们对于医疗健康越来越重视,国家对于相关产业的扶持力度也在增加,中国医疗行业的潜力有望进一步被激活,整个医疗行业也会有长足的发展,为中证医疗指数投资价值奠定了基础。

　　截至 2021 年 8 月 8 日,在中证指数有限公司官网查询到的中证主题指数共计 285 个,深证主题指数 3 个,上证主题指数 109 个,在国证指数官网查询深证主题指数 92 个,国证主题指数 219 个,合计 708 个。随着经济社会的发展,还会不断有新的主题指数诞生,也会有老的主题指数失去生命力。这是主题指数和宽基指数显著不一样的地方,我们在投资指数的时候一定要认真研究该主题指数的投资逻辑、选股依据和赋权方法,只有选择顺应时代发展的好指数对应的指数基金产品,才会获取良好的投资收益。

第六章
做好资产配置

在本书的最后一章中，我将分享自己对指数基金投资的思考以及在资产配置中常见的一些低风险投资工具。指数基金的投资需要寻找合适的时间点，有时候投资中会面临手握现金无处投资的窘境，用好这些低风险投资工具，对实现财富的稳健增长大有裨益。

第一节　基金的估值和投资

在指数基金的投资中,价值投资者需要做的事情只有三个:熟悉指数基金产品的基本面、估值并交易、选择策略并建立恰当的组合。其中,估值处于承上启下的地位,非常重要。这里我主要讲讲自己在指数基金投资中关于估值的一些经验。

一、基金估值和我们的投资收益

我们把单位资产盈利能力带来的收益叫作该资产的内生性收益,把市盈率、市净率等市场估值变化带来的收益叫作市场收益。其中,内生性收益是可以通过深入研究基本面并结合对市场发展的展望进行判断的,也是我们投资资产盈利的本源。

1. 判断价值,利用市场

市场收益是不能预测的,因为市场估值是由市场决定的,市场在每一个具体的时间点都是没有理性的,是随机的,市场估值体现在交易的成交价上面,而市场的成交价是由边际交易者的交易形成的。

比如,某资产甲在交易日实现交易共计 1 000 笔,其中 999 笔都是按照 5 元每份成交的,但是在当日最后一次交易中,卖家随意报了一个价格,也没预期真的可以成交,比如 10 元每份,恰好出现了一个买家出于某种原因,接受了这个报价,于是在日 K 线上我们看到该资产的成交价瞬间提高,且当日该资产的成交价最后锁定为 10 元每份。

乍一看,前面买进的 999 个买家拥有的资产甲当天升值明显,但是这种在随意的卖家和莽撞的买家之间形成的交易价格不能展示该资产的应有价值。在任何一个时间点上,资产的成交价只能体现卖家和买家的成交意愿,而和资产本身的价值无关。

既然市场收益是随机的,那么我们研究市场收益的价值是什么呢?那就是当市场的报价显著低于资产价值的时候我们买进,反之则卖出。市场先生的报价给了价值投资者买卖资产的流动性,并获取了比内生性收益更高的收益。

市场的估值是随机的,随机事件不可预测。但是当投资者坚守资产的价值,这种市场报价就是可以利用的。进一步,任何时刻资产的市场报价和资产价值都没有关系,价值是稳定的,价格是随机的,任何可能性都有。

从这个角度看,价值是需要去挖掘的,价格是可以利用的,投资者不可以用市场价格作为判断资产价值的依据。

我们购买资产的原因是因为预期其能够为我们带来现金流,这种现金流包括资产持有期间为投资者带来的现金流和资产出售时候为投资者带来的现金流。买家愿意从卖家手中买进的原因是一样的。所以我们认为资产的出售价格是由资产为下家带来的现金流决定的。长期看,资产的价格主要是由其为持有者带来的现金流决定。

我们可以得出重要结论:资产的价值是由这项资产的预期现金流决定的,而不是资产的成交价格,也不是其他市场参与者对该资产价值的判断。我们做投资也就是要做好两件事情:判断价值、利用市场。

2. 寻找戴维斯双击的机会

理想的情况是,内生性收益和市场收益同时获取,也就是戴维斯双击。为说明情况,我们有必要分开讨论。

对于市场收益,就基金来说,我们有两种盈利的方式,一种是利用估值的基本原理,判断出基金的合理估值区间,买进,静静等待价值的回归,回归后或者高出合理估值区间一定范围后卖出。一种是我们判断该基金可能迎来估值的提高,则买进等待预期实现后卖出。比如 2020 年在新冠疫情的刺激下,医药类的行业指数基金估值水平实现大范围提高。在科创板成立的影响下,科技类的指数基金估值水平实现大范围提高。这些事件的影响力非常大,以至于某种程度上讲"资产价格的变化"或者说"估值中枢的移动方向"是可以判断的。

很多人认为,判断估值水平变化是投机倒把的事情,其实不然。在任何的时间点,估值水平都是随机的,但是随着观察时间段的增大,估值水平变化的可判断性增强。在长时间段的条件下,我们认为估值水平必然向合理估值靠拢;在中长期时间背景下,一个对市场有重要影响的事件,比如前面说的新冠疫情和科创板成立,可以推动市场估值水平出现较大的变化,这种变化是可以判断并利用的。

对于内生性收益,也就是基金的盈利水平,有两种情况。一种是宽基指数类,其盈利水平保持稳定,不大可能出现剧烈变化,比如沪深300指数基金,如果我国未来的GDP增速中长期保持在5%左右,那么有理由相信全体上市公司的净利润增速在8%左右,沪深300作为上交所和深交所两个交易市场中市值最大的前300家公司组合,其净利润增速应该在10%左右。这三个增速数字是我根据公开的信息,按照自己的理解主观判断的,不同的投资者可能有不同的判断。那按照我的判断,即使我们全部资金买进沪深300指数基金,分红再投资和市场估值不变的情况下,长期持有的复合收益率应该在10%左右。这个判断并不能作为投资的依据,但是对我自己的投资却是一个很好的参考。

还有一种是周期类指数基金和某些特殊的行业指数基金、主题基金,其盈利能力的突变往往可以刺激市场的交易情绪,给投资者带来丰厚的收益。这部分基金是我们投资指数基金的过程中提高自己收益的重要部分。

对于指数基金的估值问题,从估值指标来做判断的话,低成长的资产应该有较低的估值,高成长的资产应该有较高的估值,但是低不是无限低,高不是无限高。低成长有低估的好处,也有价值陷阱,高成长有成长的好处,也有成长陷阱,两者都是投资的一个分支,没有绝对的好坏。

当然最好的投资是在较低估值的时候持有具备高内生性增长的基金,这种机会往往出现在大熊市或者超级市场周期下,如果遇到了,投资者一定要珍惜。

二、合理估值的时候，我们应该怎么操作

对于价值投资者，一般在资产价值低估的时候买进，高估的时候卖出，这都没有疑问。但是估值合理的时候呢？我们应该买、卖还是持有呢？这个问题很多投资者都感到困扰，也提出了不同的见解，我想谈谈我的看法。

1. 价格涨跌是实现资产投资价值回归的主要方式

价格没什么疑问，就是市场先生的报价。价值，是投资者根据自由现金流折现法的估值，是一个概数。当价格和价值相近的时候，意味着资产的价格处于合理区间，不高估，也不低估。

按照经典价值投资理论，这个范围不应该买，因为价值投资的本质是占便宜，是五毛买一块钱，用一块钱购买价值一块钱的资产没有意义，属于左手倒右手，白白损失了手续费。

现在换个角度看问题。我们知道投资的收益本质有两种，一种是得到的分红，体现为股息率和基息率，一种的卖出的时候得到的差价。这两种收益的本质是一样的，并没有优劣之分，如果一份资产的分红很高，即使资产价格不涨，投资者可以获益丰厚，如果资产的分红很低，但是资产价格高涨，投资者一样可以获益丰厚。

我们想一下，资产的价格和收益的关系：资产价格的上涨会降低其收益率。比如，一张债券面值 100 元，价格为 100 元，利率为 10%，那么我用 10 000 元去投资，可以购买 10 张债券，一年的分红为 1 000 元。如果债券的价格上涨，价格为 200 元，债券的面值和利率都是固定不变的，那么我用 10 000 元去投资，只能购买 5 张债券，一年的分红只有 500 元。

因为资本的逐利性，低估值的资产价格一定会上涨，高估值的资产价格一定会下跌，直到两种资产的收益率保持一致。很多价值投资者认为资产价格上涨带来的收益就低人一等，事实上绝大多数资产价值的回归都是通过资产价格的涨跌实现的。

2. 价格和价值关系两个维度

从资产价格的变化角度我们重新来思考：资产估值合理的时候，我们应

该怎么办呢？

我在《理性的投资者》中关于资产价格和价值的运动关系中，指出资产价格的运动具有二维性：任何时间点中其运动都是随机性和确定性的辩证统一：

价值和价格的关系就像地球上万有引力对地球上物体运动的约束一样，但是方向却相反。价格始终有回归价值的向心力，这种力量随着价格对价值的偏离度而加强。而在价格和价值相一致的时候，价值对价格运动的约束力为0，价格运动的随机性最强，轻微的受力扰动就可以造成价格的运动。

我们了解了价值对价格的约束性及运动特点，但是还不够，现实世界中，除了价格的运动外，股票本身的价值也会运动，这种运动是隐性的，不容易被观察到的，而且带有很大的随机性。价值的运动有无限种可能性，而且还可以是跳跃性的，当价格偏离到价值一定程度后不能继续为所欲为后，它可以停滞在原地，等价值运动到两者的距离不足以约束价格运动的时候，价格重现获得了运动的自由，这自由取决于两者之间的偏差大小。因为价格在距离价值越近的地方运动的自由性越大，那么当价值的运动难以捉摸的时候，价格运动的短期预测就成为一种不可能事件。

认识到价格运动和价值运动的相对性，就摆脱了形而上学的价值投资观点，投资认知得到深化。

简单说，任何资产的价格在时间的绝对角度看，运动都是随机性的，可以涨、跌和不变。但是从相对角度看，运动又是有确定性的，资产的价格时时刻刻都向着价值靠拢，这种向心力在资产价格和价值剪刀差越大的时候越明显，反之，资产价格的运动随机性就越强。

从绝对的角度看，我认为一块钱永远等于一块钱。在不考虑交易费用和交易对资产价格冲击的情况下，既然在资产价格合理的时候我愿意持有该资产，那么就还意味着我认为一块钱的资产比一块钱的现金更有价值。那么我当然就可以按现在的价格继续买进了。

从相对的角度看，我其实是在做一个选择题。现在有两个资产，一个是（讨论的）资产，一个是现金，区别是（讨论的）资产价格上涨、下跌和不动的概率是一样的,现金的价格是不变的,这个时候应该怎么选择呢?

从期望值的角度看,资产的价格因为上涨和下跌的概率和幅度都是一样的,期望值为0,所以等同于资产价格也是确定不变,再次论证了合理估值的股票和现金是等值的,可以互换。

当使用现金买进资产的时候,如果资产的价格下跌,那么也不用担心,因为资产价格终究要回到合理价值,这个时候我们的买进行为,持有的资产和现金的价值依然是相等的,但是我们损失了流动性(因为现金的流动性最好)。

如果资产的价格上涨,因为资产价格终究要回到合理价值,这个时候我们的买进行为,持有的资产和现金的价值依然是相等的,但是我们获得了资产价格超过价值的流动性收益。

所以,在资产价格合理的时候,买卖是在等价值但是属性不同的资产之间的切换,怎么选择就看个人的偏好了。

3. 合理估值时刻交易的多样性

现在,我们在资产和现金之间,重新加一个可选资产,比如是长江电力,我们认为长江电力的合理估值是 20 元,现在的长江电力的股票价格是 15 元,这个时候怎么操作呢?

现在,我们现金资产就直接置换为长江电力了,但问题是原有的资产要不要卖了去买长江电力呢?

换个情况继续讨论,如果长江电力的股价一直在 15 元不动,资产的价格继续上涨,越过合理区间到达高估阶段,但是没有出现泡沫,这个时候应该怎么操作呢?

你可以认为"怕高都是苦命人",高估算什么,这种情况下资产是可以卖又不是必须卖,风水轮流转,涨得这么好,说明风口到了,还是等到泡沫来了再说吧。

你可以认为高估和泡沫毕竟不一样,应该坚持投资原则,绝不卖出。你也可以认为,高估的资产价格下跌的可能性很大,而长江电力上涨的可能性很大,当然要做资产置换了。

我们讨论的这些都是基于我们的估值是准确的。但是在实际投资中有"做的越多,错的越多"的规律,建立能力圈并对标的进行准确估值并不容易,所以除非有更好的选择,我们都还是愿意留在原地。对于我个人而言,在股价合理,没有更好选择的时候,我愿意继续买进。

在实际的操作中,我很少买进估值合理的资产,因为我追踪的资产品种足够多,主意比钱多,总是有更好的资产出现让我买进。

所以说,具体在合理估值的时候买进、持有,还是卖出,其实并没有标准的答案。

我们看巴菲特的操作,他持有的很多股票都有过合理估值甚至泡沫的时候,为什么他十几年、几十年没有卖出去置换更低估的股票呢? 这显然违背价值投资者的卖出原则。

所以,这里我们只交流对这个问题的看法,不能也不会有一个所谓的标准答案。要不怎么说投资是一门艺术活呢?

第二节　关于基金定投的思考

在本书的前面,我讲过我的一个投资观点:股票和基金的本质是一样的,都是一种投资的品种,都是金融产品。对于金融产品的投资,估值原理和投资方法,没有太大的区别。

关于投资,并没有一种稳赚不赔的方法。在股票投资中,很少有人宣传"定投"股票可以获利,但是在基金投资中,很多人相信"定投"基金可以让投资者获利匪浅。

基金定投有"懒人理财"之称,缘于华尔街流传的一句话:"要在市场中准确的踩点入市,比在空中接住一把飞刀更难。"如果采取分批买入法,就克服了只选择一个时点进行投资的缺陷,可以均衡成本,使自己在投资中立于不败之地,即定投法。

基金定期定额投资具有类似长期储蓄的特点,能积少成多,平摊投资成本,降低整体风险。它有自动逢低加码,逢高减码的功能,无论市场价格如何变化,总能获得一个比较低的平均成本,因此定期定额投资可抹平基金净值的高峰和低谷,消除市场的波动性。只要选择的基金有整体增长,投资者就会获得一个相对平均的收益,不必再为入市的择时问题而苦恼。

基金定投的理论精华可以用"微笑曲线"来表达:

基金定投微笑曲线

任何一笔交易都会有三个参数:时间、价格和价值。其中价值是抽象的,是需要投资者自己去估算的。我们能看见的就是时间和价格。

这个微笑曲线展示的就是时间和价格的函数关系,和股票价格的 K 线图很像,都只是表述了现象而没有揭示价格运动的内在力量:价值。

如图是某行业指数基金的季 K 线图:

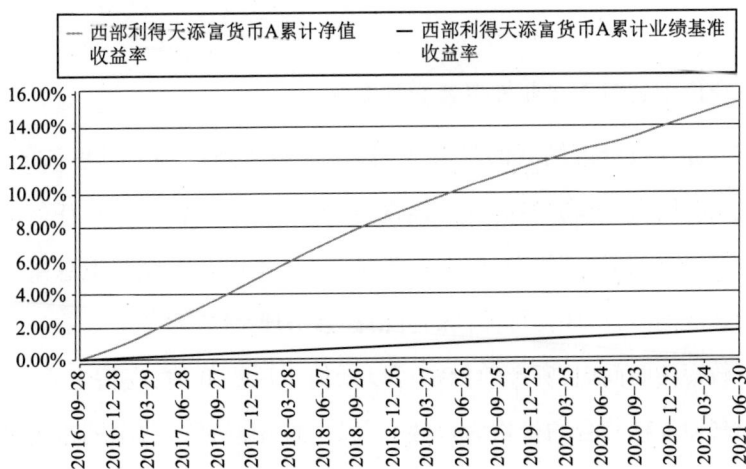

西部利得天添富货币 A 累计净值收益率与同期业绩比较基准收益率的历史走势对比图

2014年二季度该指数基金达到最高点1.887后,一路下跌,中间虽然有反弹,但是总体趋势还是向下。

如果这条曲线真的可以迎来"享受获利"的阶段,我们计算一个周期可能需要14年,几个投资者能忍受这种时间的煎熬呢?

如果整个行业慢慢走向衰落,一路定投的投资者可能就陷入了泥沼,越陷越深,永久性的损失越来越大。在经济社会的发展中,一个行业的衰落,甚至消亡,是很常见的。

没有逻辑和价值的支持,单纯讨论价格的走向,不管是涨、跌、还是任何曲线,都是形而上学,都是靠不住的。

术无穷而道有尽头,我觉得定投只是投资的一种方式,远远不是投资的全部含义,更不能替代投资。

第三节　基金组合的仓位配置

这篇文章我们来解决基金组合中的仓位配置问题,这属于投资的方法,既适用于股票,也适用于指数基金。为统一说法,我用资产指代股票和指数基金。

1. 仓位配置对于专业投资者非常重要

只要你在投资市场活的足够久,就一定能遇到各种不可思议的事情。尽管拉长时间看,市场是理性的,体现为价值决定价格,但是在任何的时间点,资产的价格都是随机的,是在一群情绪化、短视和不充分消息条件下的投资者达成的共识,任何可能性的价格都会出现。

在较短的时间内,资产的价格可以低估之后更低估,高估之后更高估,可以出现原油期货合约价格为负数,可以出现相同资产在不同市场的价格偏差不收敛(这导致了美国长期资本管理公司的失败),甚至出现长达数年的价值和价格偏离。

价值决定价格并不是万能的,而是有严格的条件约束,是在市场整体而不是局部,是在长时间而不是短时间内,是信息充分透明不是信息阻塞,是市场中资金自由流动而不是存在资源配置障碍,是资金流动性很强而不是出现流动性危机,是资金的流动成本很低而不是存在较高损失成本下才会出现。

在实际的交易中,我们遇到的交易环境经常是局部而具体的,投资的时间也并不长,信息并非完全透明,资金的流动是有成本的、有门槛的、有流动性约束的。换句话说,价值投资并不是买了就能涨的秘密武器,如果不能通过内生性的增长实现满意的回报,即使价值投资也是有风险的。

所以,我主张在指数基金的投资中,同样不轻易做空,不使用杠杆,不用全部资金持有一个投资品种。那么在投资的实践中,做好指数基金组合的配置就非常重要。

这种资产配置的问题可以分解为两个问题:仓位管理和组合管理,核心是我们应该购买几种资产,每种资产买多少,保持多少现金在手里。

如果换一个思路,这两个问题可以重新归结为一个问题:当我们把现金也看作一种资产,该资产的价格是稳定的,但是购买力每年都在被通货膨胀吞噬,这个时候问题就变成了我们应该把自己的总资产在不同的资产之间如何分配的问题。

2. 巴菲特关于仓位管理的建议

关于投资者如何看待集中与分散,如何控制单个标的的仓位,巴菲特在1993年致股东的信中曾经有过精彩的描述:

"投资者在持有一家公司的股票所展现的韧性应当与一家公司的老板持有公司全部的股权一样。

我们采取的这种策略排除了依照普通分散风险的教条,许多学者便会言之凿凿地说我们这种策略比起一般传统的投资风险要高的许多,这点我们不敢苟同。我们相信集中持股的做法同样可以大幅降低风险,只要投资者在买进股份之前,能够加强本身对于企业的认知以及对于竞争能力熟悉的程度。在这里我们的风险定义与一般字典里的一样,系指损失或受伤的可能性。

事实上,真正的投资者喜欢波动都还来不及。本杰明·格雷厄姆在《智能型股票投资者》一书的第八章便有所解释,他引用了市场先生理论,市场先生每天都会出现在你面前,只要你愿意都可以从他那里买进或卖出你的投资,只要他老兄越沮丧,投资者拥有的机会也就越多。这是由于只要市场波动的幅度越大,一些超低的价格就更有机会出现在一些好公司身上,很难想象这种低价的优惠会被投资者视为对其有害。对于投资者来说,你完全可以无视他的存在或是好好地利用这种愚蠢的行为。

例如对于一家随时都必须面临快速变迁技术的公司来说,我们根本就无法对其长期的竞争力做出任何的评断。人类在 30 年前,是否就能预知现在电视制造或计算机产业的演进?当然不能。就算是大部分钻研于该领域的投资者与企业经理人也没有办法。那么为什么查理跟我觉得应该要有去预测其他产业快速变迁前景的能力呢?我们宁愿挑些简单一点的,一个人做的舒舒服服就好了,为什么还要费事去挨稻草里的针呢?

当然,有些投资策略,例如,我们从事多年的套利活动,就必须将风险分散。若是单一交易的风险过高,就必须将资源分散到几个各自独立的个案之上。如此一来,虽然每个个案都有可能导致损失或伤害,但只要你确信每个独立的个案经过概率的加权平均能够让你获得满意的报酬就行了。许多创业投资者用的就是这种方法。若是你也打算这样做的话,记得采取与赌场老板搞轮盘游戏同样的心态,那就是鼓励大家持续不断地下注,因为长期而言,概率对庄家有利,但千万要拒绝单——次的大赌注。

另外一种需要分散风险的特殊情况是,当投资者并没有对任何单一产业特别熟悉,不过他却对美国整体产业前景有信心,则这类投资者应该分散持有许多公司的股份,同时将买入期间隔开。例如,透过定期投资指数基金,一个什么都不懂的投资者通常都能打败大部分的专业经理人。很奇怪的是,当"愚昧"的金钱承认了自己的局限后,它就不再"愚昧"了。

另外,若你是学有专长的投资者,能够了解产业经济的话,应该就能够找出 5 ~ 10 家股价合理并享有长期竞争优势的公司,此时一般分散风险的理论对你来说就一点意义也没有。要是那样做,反而会伤害到你的投资成果并增加你的风险。我实在不了解那些投资者为什么要把钱投入他排名第二十的股票上,而不是把钱集中在排名最前面,最熟悉了解同时风险最小,获利可能最大的投资上。"

从巴菲特的论述中我们可以得到很多重要的启发。

第一,投资标的的价格波动本身不是风险,标的的价值变化才是真正的风险,这种风险不能简单从数字上获取,投资者必须建立自己的能力圈。

第二,投资者应该谨慎从事,不能随意切换自己的标的。

第三,当投资者面对的投资标的风险较高,或者投资者对标的的研究不深入,不了解标的的风险,但是能够从整体上判断,这一系列的投资标的是明显有利可图的时候,投资者应该分散投资。

第四,在上述两种情况下,投资者不应该在单一标的上面有过多的仓位。

第五,随着确定性的增加,投资者可以增加在标的上的仓位,确定性越高的资产,应该分配越多的资金。

第六,巴菲特认为持有 5 ~ 10 个自己非常熟悉的标的就是集中投资了,这点和我们散户的一般认知不一样,很多人认为集中投资就是买一个、两个或者三个标的。

由于市场的复杂性和投资者认知的局限性,我认为每个个人投资者都应该实施分散化的投资策略,只有出现非常确定的标的才能进一步提高单个投资标的的仓位。

3. 用数学模型寻找仓位管理的科学原则

为了进一步讨论,我们假定有 A、B、C、D、E 五个资产标的,其中 A、B、C、D 为股票或者指数基金,E 为现金。

假如我们判断 A、B、C、D 在未来一年内都会出现 20% 的跌幅,那么我们就应该持有资产 E,也就是现金,空仓。

假如我们判断 A、B、C、D 未来一年都会出现 20% 的涨幅,但是确定性分别为 100%、50%、50%、50%,那么我们应该满仓资产 A,现金 E 的仓位为 0,即确定性越高的资产应该有更高的仓位,当确定性一样的时候就应该比较潜在的收益率。

假如我们判断 A、B、C、D 未来一年都会出现 20% 的涨幅,确定性都是 100%,这个时候我们就应该 A、B、C、D 四个标的分别持有 25%,现金 E 的仓位为 0。

这个时候持有 A、B、C、D 任何一个标的一年的投资收益率都是 20%,但是我们分散持有的话,如果 A、B、C、D 的涨跌同步,我们一年下来的投资收益率还是 20%,没有任何损失;如果 A、B、C、D 的涨跌不同步,那么当其中一个标的涨幅到达 20% 的时候,我们可以卖出该标的,把卖出去的现金加到涨幅最少的标的上面,从而实现轮动,大大增加我们的收益。

假如我们判断 A、B、C、D 未来一年都会出现 20% 的涨幅,确定性都是 50%,那么我们应该分散持有四个标的,这样就实现了分散风险的目的。

假如我们判断 A、B、C、D 未来一年都会出现 20% 的涨幅,确定性都是 50%,但是 ABC 都是强相关,那么我们就应该 ABC 三个资产共计买进 50% 仓位,D 资产买进 50% 仓位,而不是 A、B、C、D 四个资产平均买进 25% 的仓位。

这说明分散投资除了考虑风险,还有考虑资产之间的相关性。

进一步讨论,假如我们判断 A、B、C、D 未来一年都会出现 20% 的涨幅,确定性都是 50%,A、B、C、D 出现下跌 20% 的风险分别是 10%、20%、30%、40%,那么我们就应该在 A 类资产买进较大的仓位。

那么,投资是不是一个计算期望值的数学游戏呢?

假如我们判断 A、B、C、D 未来一年都会出现上涨的确定性是 50%,其中 A、B、C、D 上涨的幅度分别为 100%、20%、20%、20%。A、B、C、D 出现下跌的可能性也是 50%,其中 A、B、C、D 下跌的幅度分别为 100%、50%、50%、50%。从期望值的计算看,资产 B、C、D 的潜在收益率比资产 A 低得多,我们应该全部配置 A 吗?

显然,全部配置资产 A 存在巨大的风险,我们有 50% 的可能性资产变为 0,但是配置资产 B、C、D 就不会出现这样糟糕的结果。所以在实际的投资中,我们并不是完全按照期望值进行配置资产,而是执行确定性优先的原则。在实际的投资中,我们也不可能拿出计算器去计算一个精准的期望值,我们只能"宁愿要模糊的正确,也不要精确的错误"。

现在,我们得出分散投资理论的三要素:风险、收益和相关性。

西方有一句谚语,我做了很多生意,有的赚钱了,有的赔钱了,还好最后我还是赚钱了。这启发我们,看待任何一笔交易,任何一个资产组合中的标的选择和仓位大小,必须把整个投资组合当作一个整体去考虑,而绝不能把组合中的每项投资单独拿出来评价。毕竟我们投资的盈亏是投资组合决定的,而不是其中的某一项投资。

所以,我们在构建自己投资组合的时候必须有清晰的思路,比如当前投资者对哪几个投资品种有很大的确定性,这几个标的之间相关性较高,哪些标的是长期持有的,哪些标的是做波段的,哪些标的是负责平衡的。在实际的组合中每一项投资都有自己的任务和价值,这样的组合才是一个理性的组合,也是极具个性化的,我们没法在不同的投资者之间复制投资组合。

从单个投资标的的理解和交易上升到投资组合的角度看问题,这是投资者在交易策略上的进化。

4. 一个可供参考的仓位动态平衡策略

在具体的投资过程中,我们仍然用 A、B、C、D、E 五个投资标的的假设来做一个模拟。

我采取的策略叫作卫星策略和动态平衡策略的组合。

第一步,选择核心标的。这是在现金和投资资产之间的选择,我们在自己的投资备选项 A、B、C、D 中找到一个自己认为最有把握的标的,该标的的投资预期收益率显著大于现金资产 E。

那么,我们就 100% 仓位买进该资产。

第二步，建立卫星标的。因为市场是动态变化的，我们不断比较核心标的和剩余四个标的之间的投资收益率，假如出现了一个新的标的，投资价值远远大于我们选定的投资标的，那么就进行仓位的更换。

大多数时候我们是很难显著区分投资价值的高低。假如出现了一个新的资产，我们判断其投资价值和原先的核心标的不相上下，那么就开始分仓，每个标的各 50% 仓位。

卫星标的的建立就是这样一个过程，我们进行基于预期投资收益率的比较，当出现了更有价值的标的或者投资价值不相上下的时候，我们可以从核心标的上面拿出一部分仓位转移到新的标的上面。

第三步，一段时间后，我们的投资组合就建立起来了，我们剩下的就是关注投资组合中标的的预期收益率的变化，并在核心标的和卫星标的，卫星标的和卫星标的之间进行动态平衡。这个过程中，卫星标的通过自身投资价值的变化可以替换原来的核心标的成为新的核心标的，这个过程我们进行了不同投资标的之间的动态平衡。

需要注意的是，这种动态平衡并不是仓位大小的平衡，而是基于风险和收益考虑下预期收益率的价值再平衡，这种平衡是价值的平衡，价值决定仓位。自始至终，价值才能决定仓位的大小，除了预期收益率，我们还会考虑资产之间的相关性，通过这样的操作，我们就能保证自己的投资组合始终面临较低的风险，而享有最大的预期收益（同时遵循确定性优先的原则）。

通过再平衡，我们把价格远高于价值的资产卖出，买进价格远低于价值的资产，实现了"高抛低吸"，实现了资产的轮动。

5. 需要重视的两个问题

这种基于价值的操作和基于价格走势的波段操作是不同的，后者是建立在预测股价未来走势的基础上，这和我们"资产价格的短期变化不可预测"的投资前提完全不一样。

这样的操作存在两个问题，需要重点提醒。第一个，资产价格的短期变化是不可预测的，泡沫化的资产价格完全有可能继续上涨，而低估的资产有可能继续低估,并维持较长的时间,这一点在 2020 年的 A 股表现尤为明显,以保险、地产和银行组成的"三傻组合"面临低估之后再下跌的窘境,以消费、医药和科技为代表的"赛道股"则持续上涨,不断突破市场预期,令人目瞪口呆。

所以,当我们基于价值进行轮动后,很有可能卖出的资产继续上涨,买进的资产继续下跌,这对于投资者的心理冲击是很大的。这就需要对资产的投资逻辑有清醒的认识,对自己的投资理念有坚定的信仰。

第二个,我一直认为持有 3 ~ 7 个低相关性的资产对于普通个人投资者来说是最好的。因为在轮动的过程中,很有可能出现投资组合中的大多数资产持续泡沫,或者投资者特别看重投资组合中的某个资产,从而导致投资者重仓、独仓某个投资标的的情况。这个时候,投资者就得不到分散投资对投资组合风险的保护,如果不幸看错了标的,则面临很大的风险,而且因为持有的标的只有一两个,也无法实现有效地轮动。就算投资者最后选中的标的确实是优质而低估的,但是资产价格持续下跌的话,投资者的收益将大受打击,很多投资者都无法承受这种考验。

第二个问题按照我的投资经验,有两个解决方法:持续研究投资,扩大自己的股票池,这样就不会面临"无票可用"的尴尬;强行分仓,为自己投资组合中非现金标的设置仓位上限,作为投资纪律执行,再看好也不能超过设定的阈值,即使手握现金也不改变。

以上就是我对投资中仓位管理和投资组合的全部认识。正如我一开始讲的,这两个问题其实是一个问题,我们只需要记住投资组合,也就是分散投资的两个核心目标"降低风险和市场轮动"即可。在具体的投资实践中,每个人对标的认知、风险承受、收益预期都是不一样的,这也会形成个性化的投资组合,适合自己的才是最好的。

第四节　可转债的投资方法

在指数基金的投资过程中,为了增加我们的投资收益,我们可以利用的三个低风险投资工具,分别是:可转债、货币基金和 REITs。这里我们先讲一下可转债的投资方法。

为增强实战型,这里以发行成功的可转债"唐人发债"为例进行分析。唐人发债,代码 072567,于 2019 年 12 月 30 日在网上可以打新,是养猪企业唐人神发行的可转债。在"巨潮资讯网"翻阅其公告,2019 年 1 月 15 日首次发布公告计划发行可转债,到实际发行其预案经过 4 次修订,前后发行 24 次公告,历时近 1 年,可谓发行不易。

在中国发行可转债非常不容易,对于发行企业的盈利能力、发行规模和担保都有要求,与之相比,单纯的发行债务或者定向增发约束都比较小,所以上市企业一般也不考虑发行可转债。但是当年股市低迷,定向增发变得困难,而债券融资的成本一直比较高,于是发行可转债的公司越来越多了。

可转债全称是可转换公司债券,是指在一定条件下可以被转换成公司股票的债券,具有债权和期权的双重属性:其持有人可以选择持有债券到期,获取公司还本付息;也可以选择在约定的时间内转换成股票,享受股利分配或资本增值。

一、可转债的债券属性

作为一种特殊的债券,可转债比股票有优先偿还的更高级别权。本文使用的案例唐人发债,票面利率第一年 0.4%、第二年 0.6%、第三年 1.0%、第四年 1.5%、第五年 1.8%、第六年 2.0%,采用每年付息一次的付息方式,到期归还本金和最后一年利息。在其 P29 赎回条款中(1)到期赎回条款中约定,"本次发行的可转债到期后 5 个交易日内,公司将按债券面值的110%(含最后一期利息)的价格赎回未转股的可转换公司债券。"

这个收益怎么样呢,我们计算一下。假如我们打新中奖,一张债券面值100 元,价格也是 100 元,6 年得到的现金流为 0.4 元、0.6 元、1 元、1.5 元、1.8 元和 110 元。我们持有这样一张债券的复合收益率是多少呢?用理财计算器的 IRR 功能计算得到 2.45%,6 年期的债券这个收益率应该说是很低的,毕竟放在余额宝七日年化也有2.54%。

$$P = \sum_{t=1}^{\pi} \frac{I}{(1+R)^t} + \frac{P_0}{(1+R)^n}$$

其中:P为债券的价格;P_0为债券面值;I为每年利息;R为市场利率或投资者要求的必要报酬率;n为付息总期数。

债券价值用每期的现金流除以对应的折现率加总就可以。可转债最后一期常常会给一个利率补偿,比如面值的10%,也就是给110元,重点是这个110元,有的可转债是包含最后一期利息,有的是不包含,我们计算的时候要看清楚。

可转债具有不同的债项评级,如AAA、AA等,通常应该选取对应等级的中债企业债收益率作为折现率。中债企业债收益率数据可以在中国债券信息网获取。这个折现率就是持有债券的投资收益率。

这里我们可以设定一个自己心仪的收益率作为折现率,比如5%,那么根据现金流的折现原理这张面值100元的债券其交易价格应该为:$0.4 \div 1.05 + 0.6 \div (1.05 \times 1.05) + 1 \div (1.05 \times 1.05 \times 1.05) + 1.5 \div (1.05 \times 1.05 \% 1.05 \times 1.05) + 1.8 \div (1.05)^n (n=5) + 110 \div (1.05)^n (n=6)$。最后计算的结果为86.57元,即我们用86.57元购买面值为100元的唐人发债,持有到期的收益率为年化5%。这个计算出来的86.57元就是纯债价值。这个数字在集思录或者东方财富都可以查询。

可转债作为债券理论上是有风险的,但是因为我国对可转债发行审批比较严格,一般认为这种风险很低,至少到目前还没有出现过实质性的违约。

这里我们看到如果以面值买入,比如唐人发债,收益率是比较低的。为什么还能发行成功呢?这是因为可转债除了债券属性,还具有期权属性。

二、可转债的期权属性

理解可转债股权特性的四大要素有:① 转股价;② 回售条款;③ 强制赎回条款(有的说明书里叫作"有条件赎回条款",措辞温和些);④ 下调转股价条款(有的说明书里叫作"转股价格向下修正条款")。

举个简单的案例：A 上市公司发行可转债，债权人（即债券投资者）持有一段时间（这叫封闭期）之后，可以持债券向 A 公司换取 A 公司的股票。而换股比例的计算，即以债券面额除以某一特定转换价格。例如债券面额 100 000 元，除以转换价格 50 元，即可换取股票 2 000 股，合 20 手。

如果 A 公司股票市价已达到 60 元，投资者一定乐于转换，因为换股成本为转换价格 50 元，换到股票后立即以市价 60 元抛售，每股可赚 10 元，总共可赚到 20 000 元。我们认为这种情形具有转换价值。这种可转债，称为"价内可转债"。此时可转债的转股期权是有价值的。

反之，如果 A 公司股票市价已跌到 40 元，投资者一定不愿意去转换。因为换股成本为转换价格 50 元，假如真想持有该公司股票，应该直接去市场上以 40 元买，何必用 50 元成本转换取得呢？我们从为这种情形不具有转换价值。这种可转债，称为"价外可转债"。此时可转债转股即亏损，持有人一般会选择持债收息，只有债券价值。

（1）转股价

转股价是 A 股可转换公司债券转换为发行人 A 股股票时，债券持有人需支付的每股价格。转股价为"以本可转债募集说明书公告日前 20 个交易日公司股票交易均价和前一交易日公司股票交易均价二者之间的较高者"（若在该 20 个交易日内发生过因除权、除息引起股价调整的情形，则对调整前交易日的交易均价按经过相应除权、除息调整后的价格计算）。

当转股价低于股票市场价的时候，等于低价买入股票，所以可转债的价格就会上涨并维持在面值 100 元以上；当转股价高于股票市场价时，等于高价买入股票，不值得，所以可转债价格下跌，向面值靠拢甚至跌破 100 元。

和转股价对应的一个概念是转股期，转股期指债券持有人可以将发行人的债券转换为发行人股票的起始日至结束日。转股期是转股价的附属品，它规定了可转债发行上市以后，必须经过一定的时间之后才能转换成股票。

（2）回售条款

回售指的是债券持有人按事先约定的价格将所持有的 A 股可转换公司

债券卖还给发行人。

回售保护条款,即有条件回售条款:在可转债存续的一定时间内,如果公司股票收盘价在 N 个交易日低于当期转股价格的一个阀值(这个阀值一般要低于向下修正转股价)时,可转债持有人有权将其持有的可转债全部或部分按面值的 103% 或面值 100 元 + 当期计息年度利息回售给本公司。任一计息年度可转债持有人在回售条件首次满足后可以进行回售,但若首次不实施回售的,则该计息年度不应再行使回售权。这里的一定时间、交易日的时间 N 和阈值需要看"公开发行可转换公司债券募集说明书"确定。

基本上所有的上市公司都不愿意面对这样的结果,所以所有上市公司都会在回售价触发之前采取行动,要么拉抬股价,要么主动下调转股价,尽量远离回售保护区,起码保证当年不触发。回售价也就自然成了一个保底价。

(3) 下调转股价条款

"下调转股价条款"的基本思想是:假如上市公司的股票市场价,在一定的时间段内,低于设定的一个阀值,那么上市公司有权在一定的条件下下调转股价。下调修正后的转股价格一般应不低于一个特定日期前 20 个交易日内该公司股票交易均价和前一交易日均价之间的较高者,同时修正后的转股价格不低于最近一期经审计的每股净资产和股票面值。

通过"向下修正股价条款",上市公司可以合法地通过适时下调转股价,降低持有人转股的门槛,让股票的市场价大大高于转股价,这样持有人等于可以以低价买到股票然后以高价在市场中卖出,从而赚得其中的高额差价,刺激可转债持有人全部转股,从"债主"变成"股东"。

与此同时下调转股价,转股获利的可能性大大增加了,往往会立竿见影地刺激可转债的市场价格应声而涨,从而给持有人带来套利机会。

所以,下调转股价一方面可转债持有人可以通过转股再卖出赚取转股价和正股价的价差,一方面可以直接卖出高涨的可转债实现套利。

(4) 强制赎回条款

强制赎回条款也叫作有条件赎回条款，"强制赎回条款"的基本思想是：在可转债转股期内，如果本公司股票市场价格在一定的时间段内，高于设定的一个阀值（一般是当期转股价的 130%），那么上市公司有权按照略高于可转债面值的一个约定赎回价格（一般是 103 元）赎回全部或部分未转股的可转债。

在唐人发债中具体是这样规定的：在本次发行的可转换公司债券转股期内，当下述两种情形的任意一种出现时，公司董事会有权决定按照债券面值加当期应计利息的价格赎回全部或部分未转股的可转换公司债券：

(1) 在本次发行的可转换公司债券转股期内，如果公司 A 股股票连续 30 个交易日中至少有 15 个交易日的收盘价格不低于当期转股价格的 130%（含 130%）。

(2) 当本次发行的可转换公司债券未转股余额不足 3 000 万元时。

因为公司还债是还本金 100 元及当期利息，所以，与转股卖掉即可赚取超过 30% 以上的利润相比，如果没转股，就白白损失了利润。所以持有公司的可转债一定要关注公司的公告，不要错过了无风险套利的机会。

三、可转债的交易策略

由于可转债可以上市交易，当该公司股票上涨，转股有利可图时，可转债本身的价格也会上涨。所以，可转债有三种获利方式：①可以持有收息至到期后还本；②可以在股票市价高于约定转股价格时，申请转换成股票后持有或抛出获利；③可以在可转债交易价格上涨后卖出获利。

对于可转债持有人显然其债券属性只是提供了一个保底的收益，保证了本金的安全，但债券的利息收益这么低，显然不能满足要求。对于上市公司来说，如果经营情况良好，自然可以在这五六年内，充分利用这些大量的超低利息贷款赚到大量的利润。真是这样的话，公司股价自然会水涨船高，早早就过了转股价的 130%，可转债持有人可以根据有条件赎回条款规定实现转股,卖出套利。如果确实看好公司的发展,转股后可以持有等待股票进一步地上涨。

如果公司经营比较烂,哪怕低成本融入这样一笔资金业绩还是不行,那么眼看着这笔债务每年需要支付利息,到期还要赎回,公司会愿意吗?公司有足够的资金偿还吗?所以公司有动力去促进可转债持有人实施转股,其中包括发布利好抬高股价或者下调转股价以达到强制赎回的条件。

公司和可转债持有人一致希望能够实现转股,这个要求就是强制赎回的条件,即可转债的交易价格为130%以上。

退一步讲,即使公司的经营不好不坏,股价不温不火,那么在长达五年半的时间(扣除封闭期),公司的股价有没有出现高于转股价30%的机会呢?一个牛市或者一个股价波动都可能会实现。

现在我们知道了持有可转债在六年的时间极大概率会遇到正股价比转股价高30%的机会,此时实行转股卖出,轻松套利;如果股价下跌,公司也有动力去调低转股价,也可以轻松套利。股价下跌,转股价不变,就是持有一张低利率的企业债券。

如果遇到大牛市或者企业经营转好,那么除了安全套利还能享受股权收益!

这一切的风险就是企业真的破产,无法还本付息,在中国的资本市场中,这种可能性极低。

我们在上面分析可转债的规则,知道了它下有保底(企业债券,监管层把关,不破产就能回本收息),上不封顶(面值100元的可转债六年内价格到130元及以上的概率极大)这样一个特性。可转债一般在熊市发行比较多,这是因为在牛市中实行股权融资更容易,成本更低,程序更简单。

那么,我们投资可转债就很简单了:103元以下,越跌越买;100～110元之间,坚定持有;坐等130元的价格,安全就持有,有危险就套利。如果转股,直接套利,如果看好公司发展就持有。

可转债就是这么简单,貌似默默无闻,实则安全性极高,收益率可靠,如

果可以持续投资,也不失为一种套利的好工具

在实际的投资中,可转债作为一个较为冷僻的投资细分领域,很多投资者进行了深入的研究,日常的研究指标有转股价值、转股溢价率、纯债溢价率、回售触发价、强赎触发价、到期赎回价、纯债价值等。而我们只是把可转债作为在指数基金投资的过程中增强自己投资收益的一个辅助工具,没有必要研究太深,了解其原理和一般性的投资方法即可。

第五节 公募 REITs 的投资方法

REITs,全称 Real Estate Investment Trusts,中文全称为"房地产信托投资基金"或者"不动产投资信托基金"。它是以发行股票或者受益凭证方式汇集投资者资金,由专业机构进行不动产投资开发与经营管理,并将投资综合收益按比例分配给投资者的一种信托基金。

需要注意的是,这里的"房地产"和普通意义上的"房地产"存在差异。这里的"房地产"并不是单纯指商品房和商铺,而是在这个基础上还包括了基础设施、工业厂房、物流中心、数据仓库、农场矿场等各类可产生收益的资产。

2021 年 5 月 31 日,首批 9 只公募 REITs 面向公共投资者的发售全部超募,意味着这个投资品种正式在我国二级资本市场登录。

REITs,是打通不动产与证券市场的要素流动的重要工具,解决了不动产流动性差和投资门槛较高之间的矛盾。其产品以兼具相对稳健和较高收益等特质,在海外发达国家和地区有着长期、广泛和成熟的应用,在投资领域具有重要的地位。我们在做指数基金的时候,可以把 REITs 作为一个有力的辅助投资工具去理解和运用。

一、REITs 的属性

REITs 的本质是资产上市,投资者持有 REITs 份额,类似于权益资产。

同时每年可以获得 REITs 强制分红回报,公募 REITs 要将每年可供分配金额的 90% 以现金红利方式回报投资者,每年不得少于 1 次,类似于固定收益资产。

根据《公开募集基础设施证券投资基金指引(试行)》,我国目前发行的公募 REITs80% 以上基金资产投资于基础设施资产支持证券,并持有其全部份额;基金通过基础设施资产支持证券持有基础设施项目公司全部股权;其他基金资产可以投资于利率债、信用等级在 AAA(含)以上的债券及货币市场工具。

REITs 基金进行封闭管理,投资者不可以赎回,只能通过二级市场交易。REITs 不属于股、债的范畴,国际上,常把 REITs 定义成股票、债券、商品外的第四大类资产。这种把固收和权益结合的金融产品也并不是新事物,可转债、可交债、优先股,均既有债的固定回报,也有股的权益特点。

我国首批 REITs 底层资产按收入来源可以分为产权类和特许经营权类:以租金(或运营外包服务)为主要收入来源的产权类资产,如仓储物流、产业园区等,依据与政府签署的特殊经营协议进行收费的特许经营类资产,如水电气热市政工程、高速公路等。特许经营类资产随着剩余经营年限不断缩短,资产估值呈现逐年衰减的趋势,资产价值到期后将归零。而对于产权类资产,权属价值总体上具备长期延续的可能性,最终可以对其持有资产进行真实出售等方式变现。特许经营权类资产收入大多由政府调控,稳定性较强,增值空间较小;产权类产品通常市场化程度较高,租金等业务收入受市场影响程度较高,产品潜在增值空间可能更大,相应收益波动也可能有所放大。

总体上看,房地产资产有很多特点:物理上的实体性,不可移动、地域分割等;现金流主要来自于其自有的地产租约、使用合同,签订以后受其他因素扰动小;供给端主要受专门监管机构的规划影响大,市场价格弹性相对小;底层资产流动性差,单笔交易额度大,多样化和风险控制难度大;抗通胀力的复杂性,长期和短期维度差异大,不同标的差异大等。

二、公募 REITs 和股票、其他公募基金、债券的区别

公募 REITs 和股票的区别如下。

第一，基础设施公募 REITs 收益分配比例不低于合并后基金年度可供分配金额的 90%，期间分红来源主要依靠可预期的资产运营收益。而股票无强制分红政策，由公司自行决定。

第二，股票通常为永续经营假设。公募 REITs 都有存续期安排，到期终止。其中尤以特许经营权类产品期限特征更为明显，存续期内资产规模会有明显逐渐衰减的特征，到期资产归零。

第三，公募 REITs 最终持有的项目公司通常业务较为简单，扩募安排也通常为同类资产，混业经营程度小于大多数公司。

第四，公募 RETIs 由于其资产较为单一且所属基础设施领域特性，成长空间不及大多股票，其中产权类成长性高于特许经营权类公募 REITs。特许经营权类资产收入大多由政府调控，稳定性较强，增值空间较小；产权类产品通常市场化程度较高，租金等业务收入受市场影响程度较高，产品潜在增值空间可能更高，不过相应收益波动也可能有所放大。

公募 REITs 和其他公募基金的区别如下。

第一，投资标的不同。公募 REITs 产品 80% 以上的资产通过持有资产支持证券取得项目公司所有股权（和债权），其底层资产主要为目标基础设施项目。而其他公募基金通常以上市公司股票、债券等作为主要投资标的。

第二，收益来源不同。公募 REITs 的收益来源有两部分，一部分是较为稳定的分红收益，另一部分是底层资产增值收益。对于我国基础设施公募 REITs 而言，分红派息收益将会是主要部分。其他公募基金收益来源包括持有股债获取的股息、票息、公允价值变动，以及动态调仓获取资本利得，其中资本利得收益更为重要。

第三，产品定位不同。公募 REITs 更近似于一个"资产上市平台"，借助管理人在不动产投资经营领域的专业优势及资源积累，促进基金价值不断

提升。其他公募基金主要依靠基金管理人的二级市场主动投资能力,实现投资收益。

公募 REITs 和债券的区别如下。

债券约定了每期支付利息和本金的数额,基础设施公募 REITs 没有约定固定利息回报,但是有稳定强制的分红机制,并在此基础上可有资产增值带来的份额价值提升预期。

三、REITs 的优势

REITs 的优势主要有三个。

第一,持续稳定的现金流收入。REITS 的收益基于其底层房地产资产收益,现金流稳定可预期,主要由资产使用者的长期租约或定期付费保障。

第二,流动性和分散性提升。不动产较其他资产品类的一个优势在于"难以转移的、真正的实物资产",劣势是流动性差和单笔投资要求高。REITs解决了这些问题——份额可以公开上行交易,其底层资产可以来自全国甚至全球不同地区的优质不动产。

第三,差异化和抗通胀。REITs 在投资分类上,属于另类投资(Alternative Investment),其收益有相对独立性,可以有效分散股票、债券和现金资产等传统投资产品的风险。同时相当一部分不动产存在抗通胀属性,由此,REITs 存在抗通胀属性。

四、公募 REITs 的风险

公募 REITs 作为一类金融产品,其收益同样蕴藏着多样的风险,主要如下。

第一,集中投资风险:普通公募基金往往采用分散化投资的方式减少非系统性风险对基金投资的影响。而公募 REITs 存续期内主要投资于标的基础设施资产支持证券(通常 1 ~ 2 只),并持有其全部份额,通过资产支持证券等特殊目的载体取得基础设施项目公司全部股权。因此,相比其他分散化投资的公开募集证券投资基金,公募 REITs 将具有较高的集中投资风险。

第二,运营风险:项目运营情况影响 REITs 的期间收益分配,以及价格表现。运营不达预期时存在无法足额支付预期收益的风险。

第三,外部管理机构的尽职履约风险:首批项目均委托了外部管理机构负责部分基础设施项目运营管理职责。如外部管理机构有未尽职履约的情况,可能导致基础设施项目运营情况不善、收入下降等风险。

第四,终止上市风险:基金运作可能因触发法律法规或交易所规定的终止上市情形而终止上市,导致投资者无法在二级市场交易。

第五,流动性风险:公募 REITs 采取封闭式运作,不开通申购赎回,只能在二级市场交易,存在流动性不足的风险。

第六,二级市场价格波动风险:公募 REITs 在二级市场的交易价格由投资者的买卖报价决定,受投资者偏好、市场流动性、舆论情况等影响,基金价格可能大幅波动,大幅高于或低于基金净值。短期持有此类产品的投资者,可能因二级市场价格波动造成盈利或亏损。

五、公募 REITs 的收益来源

REITs 的本质是不动产资产证券化,其收益分别来自于资产端和产品端,拆分开来看,REITs 收益来自于如下三部分。

第一,股息收益:来自于 REITs 底层资产的稳定现金流,并穿过产品结构向上进行分派,表现形式是 REITs 份额持有人每年可获得 90% 以上的可供分配现金流。

第二,资本利得:资产价格的变动得到的收入,二级市场的流动性、市场预期以及资产扩募均会对 REITs 的股价造成波动。

第三,不动产增值:随着时间推移,不动产价值增长,REITs 的估值亦会提升。

六、公募 REITs 的投资方法

公众投资者可以通过场外直销及代销机构认购,也可以通过券商走场内认购方式。从投资门槛上看,深交所的场内认购是 1 000 份为最低认购门槛,上交所的场内认购多数是 1 000 元为最低认购门槛;而每只公募 REITs 场外的最低认购门槛不太一样,有最低 100 元的,也有最低 1 000 元的。

投资者参与场内认购应当持有人民币普通股票账户或证券投资基金账户;投资者参与场外认购应当持有场外基金账户。需要注意的是,基础设施基金采取封闭式运作,不开放申购与赎回,在证券交易所上市,场外份额持有人需将基金份额转托管至场内方可卖出。也就是说,公募 REITs 成立之后只能通过二级市场买卖,届时需要注意基金的折溢价风险。公募 REITs 上市首日涨跌幅限制比例为 30% ,非上市首日涨跌幅限制比例为 10% ,交易所另有规定的除外。

关于公募 REITs 的投资,我们的核心还是关注底层资产的质量,一定要重视分红在公募 REITs 估值中的核心地位,如果需要购买,可以直接在场内交易平台购买,因为公募 REITs 的流动性较差,出现折价的可能性更多。

第六节　货币基金的投资方法

对于指数基金投资者,我们的投资标的有宽基指数基金、行业指数基金、主题指数基金、策略指数基金等产品,非常丰富。但是难免也会有没有好标的或者需要仓位控制的时候,我们手里的现金就会处于"闲置"状态。怎么充分利用这部分资金在低风险、高流动性的要求下实现增值呢? 针对指数基金投资者的特点,我发现货币基金和可转债是两个非常不错的投资品种。

一、货币基金的特点

这里我以支付宝中的热门基金西部利得天添富货币(如下图所示)为案例给大家分析一下货币基金投资的基本知识。

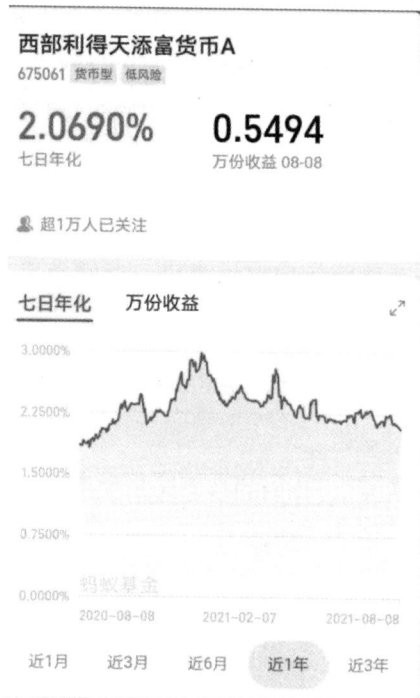

西部利得天添富货币 A 七日年化收益图

西部利得天添富货币,代码 675061,基金合同生效日为 2016 年 9 月 28 日,投资目标是在严格控制风险并保持较高流动性的前提下,力争为基金份额持有人创造稳定的、高于业绩比较基准的投资收益。

投资范围为法律法规及监管机构允许投资的金融工具,包括现金,期限在一年以内(含一年)的银行存款、债券回购、中央银行票据、同业存单,剩余期限在 397 天以内(含 397 天)的债券、非金融企业债务融资工具、资产支持证券,以及中国证监会、中国人民银行认可的其他具有良好流动性的货币市场工具。投资策略是为投资者提供现金管理工具,通过积极的投资组合管理,同时充分把握市场短期失衡带来的套利机会,在安全性、流动性和收益性之间寻求最佳平衡点,具体投资策略包括:收益率曲线分析策略、久期配置策略、类属资产配置策略、回购策略、流动性管理策略、套利策略、资产支持证券投资策略、非金融企业债务融资工具投资策略。业绩比较基准为中国人民银行公布的活期存款基准利率的税后收益率。如图可见,西部利得天添富货币的收益率超过了活期存款基准利率的税后收益率,是一个很好的现金"替代品"。

我们看西部利得天添富货币基金份额累计净值增长率与业绩比较基准收益率历史走势对比(如下图所示)。如图可见,西部利得天添富货币的收益率超过了活期存款基准利率的税后收益率,是一个很好的现金"替代品"。

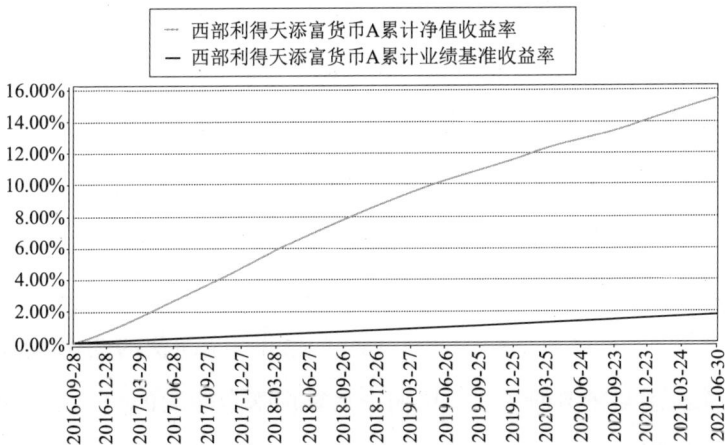

西部利得天添富货币 A 累计净值收益率与同期业绩比较基准收益率的历史走势对比

什么是货币基金呢?货币基金是聚集社会闲散资金,由基金管理人运作,基金托管人保管资金的一种开放式基金,专门投向风险小的货币市场工具,比如短期货币工具(一般期限在一年以内,平均期限 120 天),如国债、央行票据、商业票据、银行定期存单、政府短期债券、企业债券(信用等级较高)、同业存款等短期有价证券。货币基金区别于其他类型的开放式基金,具有高安全性、高流动性、稳定收益性,具有"准储蓄"的特征。

货币基金作为资金的避风港,在承担较小风险的同时可以获取高于银行存款利息的收益,一般被视为现金等价物,但并不是说货币基金就一定不会发生亏损。在西部利得天添富货币的招募说明书中就详细解释了该基金面临的主要风险:市场风险、管理风险、技术风险、流动性风险、该基金的特定风险以及其他风险。当然,货币基金的基金投资品种就决定了其在各类基金中风险是最低的,货币基金合约一般都不会保证本金的安全,但在事实上基金性质决定了货币基金在现实中极少发生本金的亏损。

货币基金的流动性很强,基金买卖方便,资金到账时间短,流动性很高,一般基金赎回一两天资金就可以到账。目前已有基金公司开通货币基金即时赎回业务,当日即可到账。

二、货币基金的分红方式

具体到西部利得天添富货币的投资操作,我们发现在 2021 年 8 月 8 日这一天基金的净值是 1,一只基金运作了近 5 年,为什么净值还是 1 呢?

这是货币基金独有的净值计算方式。货币基金每天的收益震荡幅度很低,传统的基金净值统计只精确到小数点后面三位数,如果还是采用传统的基金净值计价方法就会导致基金的净值变化无法表达每天的货币基金净值震荡,如果增加小数点去精准计量货币基金净值的变化,就会造成投资者无法感知净值的变化。比如一只货币基金昨天的净值是 1.028 54 元,今天的净值是 1.028 57 元,你对该基金的净值变化会有一个形象的感知吗?

为了解决这个问题,基金公司想了一个办法,固定货币基金的净值为 1 元,然后把基金的收益每天都计提出来,用独立的收益指标对其进行描述:7 日年化收益率和每万份收益。

7 日年化收益率是以最近 7 个自然日的每万份基金已实现收益按每日复利折算出的年收益率。7 日年化收益率可以帮助投资者清晰地看到某只货币基金过去 7 天收益率的年化水平,如果过去 7 天平均每天是 0.01% ,那么一年 365 天,7 日年化收益率就是 3.65% 。每万份收益能准确地告诉投资者当天单日的收益处于什么水平,如果每万份收益是 1 元,那么换算成收益率就是 0.01% ,也就相当于单日的年化收益率是 3.65% 。因为货币基金的收益具有波动性,所以每万份收益的函数变现具有波动性,用 7 日年化收益率则曲线平滑,对于投资者更友好,是投资者投资货币基金使用最多的收益率指标。

每万份收益全称是每万份基金已实现收益,它指的是按照相关法规计算的每万份基金份额的日已实现收益。每万份收益和年化收益率之间可以相互换算,即"每万份收益 1 元 = 年化收益率 3.65% ",这个等式背后的含义是假如某只货币基金的每万份收益是 1 元,就是说投资者持有 1 万份该货币基金,每天能够获取 1 元的收益,按单日年化其实就是 3.65% 。

刚才我们说基金公司固定货币基金的净值为 1 元,然后把基金的收益每天都计提出来,这其实就是货币基金的分红方式,投资者的收益不是通过净值的变化而是持有的货币基金份额的变化去体现。

在具体的操作中,货币基金的分红方式又细分为两种:按日计提、按月结转和日日结转。前者是指货币基金把投资者每天的收益都计提为未支付收益,累计在一起,到了每个月的固定时间点一并以份额的形式发放给投资者。如果投资者在每月的结转日之前把份额全部赎回,基金公司也会在赎回日把已计提未支付的收益一并发放给投资者。后者是指货币基金把投资者每天的收益都结转为份额发放给投资者。

需要说明的是,这两种结算方式不影响投资者的收益,因为货币基金的运作是以资产整体为基础进行的,不管那种分红方式都不影响投资者持有的份额比例,那么投资者的收益自然也是不变的。

这两种结转方式哪一种更好？直观上看,后者天天发放收益,日日复利,似乎有优势。但货币基金作为一池子资产,无论哪种结转方式,都不影响实际运作中的基金总资产,仅仅是会计记账方式(份额增加和应计收益之间的分配)的不同。因此在基金投资操作完全一样的前提下,结转方式不影响基金的总收益。

三、货币基金的估值方法

投资者把钱交给货币基金,货币基金拿去购买一篮子资产,但是在资产没有到期的情况下,如果有投资者要卖出自己的份额,这时候如何给货币基金估值呢?

考虑到货币资金绝大部分资产的持有目的都是为了完整拿回本金,并获取利息收益,这种资产在资产分类中叫"以摊余成本计量的金融资产",对应的估值方法叫"摊余成本法",即计价对象以买入成本列示,按照票面利率或协议利率并考虑其买入时的溢价与折价,在剩余存续期内按实际利率法摊销,每日计提损益。

怎么理解这种估值方法呢? 举个例子,公司甲借给公司乙 100 万元,公司乙答应 10 年后还本付息 200 万元,并约定了价值 1 000 万元的抵押物。那么公司甲认为这笔借款是没有风险的,但是在第十年才能一次性收到现金 200 万元。如果公司甲在自己的资产负债表中前 9 年都记录有一笔"应收账款 100 万元人民币",这个会计科目显然不能真正体现这笔借款的真实价值。那么按照会计准则,就需要把 100 万元的利息收入平摊在 10 年里面,体现为每年都有利息收入,尽管没有真实收到现金,这就符合"权责发生制"的会计原则了。

在这个案例中,初始本金为 100 万元,时间是 10 年,到期本息和为 200 万元,计算年复合收益率为 7.18% 。那么,第一年公司甲的"应收账款"科目值就是 100 万元 + 100 万元 × 7.18% = 107.18 万元,第二年就是 107.18 万元 + 107.18 万元 × 7.18% = 114.86 万元,以此类推,可以计算 10 年内每年的"应收账款"科目值。

采用"摊余成本法"对货币基金持有的资产估值,有利于给予交易者一个公允的价值,同时对于基金来说可以避免因为持有的资产价格变化而对基金净值波动形成干扰。比如货币基金持有的债券,其价格每天都在变化,表现是债券每天的收益可能为正也可能为负,如采用摊余成本法,那么该债券每天的收益是固定的,包括当天摊销的利息收益。

但是,货币基金持有的资产并不是真的会一定持有至到期并获取本息和,货币基金的基金经理也会根据自己对资产价格未来的走势进行判断,在好的交易时间点选择交易。当某一天货币基金对其持有的某个债券进行抛售(按照市价),估值和市价之间的价差就体现出来了,如果某只债券的市价比估值要高很多,那么高出来的部分就会被当作收益释放,形成"正偏离"。反之,如果出现债券市价比估值低的情况,那就是所谓的"负偏离"。我们连续观察货币基金的 7 日年化收益率就会发现它并不一定是平滑的曲线,而是有跳跃点的,这些跳跃点就是因为资产的交易形成的。从这个角度讲,货币基金并非是"稳赚不赔"的,我们只能说它的风险非常小,但并非没有风险。

四、货币基金的投资技巧

对于货币基金,因为是按照"摊余成本法"进行估值,所以在节假日和周末也是有增值的。对于货币基金,T 日 15 点前申购的基金份额自下一工作日起享有基金的分配权益;T 日 15 点前赎回的基金份额自下一工作日起不享有基金的分配权益。

聪明的投资者会利用这个规则让自己的"闲置资金"在节假日和周末也能实现增值,同时不影响自己的基金投资。以周末为例,如果你在周五 15 点前申购货币基金,份额要到下周一才会确认,周五、周六和周日三天没有收益。如果你在周四 15 点前申购,周五确认成功,就可以享受这三天的收益。而周五 15 点前赎回货币基金,周五、六、日有收益,周一才确认赎回。节假日同理,需要注意的是货币基金在重大节假日的时候会不会暂停申购。

在具体选择投资品种的时候我们要注意以下几点。

第一,费率越低越好。货币基金的收益率本来就不高,费率高一点点就会对总体收益形成较大的影响,因为费率在总体收益率中的比例较大。

第二,规模越大越好。货币基金的规模越大,基金经理在面对大额申购赎回以及更多的投资机会上有优势,货币基金的收益就会更稳定,波动就会较小。当然规模越大,获取超额收益的难度也就越大。

第三,公司的整体实力。公司的实力越强,整体的投资能力和交易能力就越强,可以减少货币基金在运作中可能因为资产交易出现的"负偏离",增加出现"正偏离"的机会,从而获取超额收益。

以上就是我总结的关于货币基金的知识点。用好货币资金,可以更好地服务于我们长期的基金投资生涯。

参考文献

[1]巴菲特.巴菲特致股东的信:投资者和公司高管教程(第4版)[M].杨天南,译.北京:机械工业出版社,2018.

[2]博格.共同基金常识:10周年纪念版[M].巴曙松,吴博,译.北京:北京联合出版公司,2017.

[3]石川,刘洋溢,连祥斌.因子投资:方法与实践[M].北京:电子工业出版社,2020.

[4]西格尔.股市长线法宝:典藏版[M].马海涌,译.北京:机械工业出版社,2018.